낯설지 않은 이방인

쁘라무디아의 삶과 문학

이 책은 한국외국어대학교 교원연구지원사업의 지원을 받아 집필되었습니다.

낯설지 않은 이방인

쁘라무디아의 삶과 문학

고영훈 지음

HUEBOOKs

어머니 영전에 이 책을 바칩니다.

책을 펴내며

2006년 4월 30일 쁘라무디아 선생이 작고한 후 필자는 인도네시아 아니 아시아권에서 다음 노벨문학상 수상자 배출이 늦어지게 됐다라고 말한 적이 있다. 여러 인도네시아 문학 연구자들도 필자의 의견에 동조했다. 쁘라무디아 선생은 그만큼 세계적으로 알려진 역량 있는 작가였다. 그의 소설은 세계 50개 이상의 언어로 번역 출간되었다. 쁘라무디아 선생은 1980년대 후반부터 노벨문학상 후보자로 계속 지명되었고 1986년에는 최종 후보까지 올랐다가 월 소잉카에게 자리를 내주고 말았다. 당시 쁘라무디아 선생과 불편한 관계에 있던 수하르토 정부는 그의 노벨문학상 수상을 저지하는 공작을 하기도 했다.

여러 학자들이 쁘라무디아 선생의 문학을 연구하고 있다. 필자는 쁘라무디아 선생의 작품 연구로 박사 학위를 받고 지난 30여 년 동안 그의 작품 세계를 연구해 왔다. 박사 학위 논문의 대상으로 연구한 학자는 독일의 사비트리 셰러(Savitri Scherer)가 처음이고 필자가 두 번째이다. 그 후 인도네시아의 사리반(Sariban), 그리고 필자가 공동 지도한 북경대학의 치에 리사(Qie Lisa) 교수가 뒤를 이었다. 세계적인 동남아 학자인 앤더슨(Benedict R. O'G Anderson)이나 역사학자 프레더릭(William H. Frederick) 교수도 쁘라무디아 선생의 문학 텍스트를 본인의 연구에 등장시켰다. 특히 앤더슨 교수는 쁘라무디아 선생과 긴밀하게 교류하였으며 쁘라무디아 선생의 1999년 미국 방문을 주선하고 미시간대학에서의 명예 인문학 박사 학위 취득을 적극적으로 지지하였다. 쁘라무디아 선생의 작품에 비 문학 분야의 학자들이 관심을 갖는 것은 사회 일반 현상에 대한 그의 관심이 작품에 두드러지기 때문이다.

쁘라무디아 선생의 탁월한 문학성과 함께 그의 삶의 질곡도 세계 독자들의 관심을 사기에 충분했다. 그는 81년의 삶 중에서 17년을 영어의 몸으로 지냈다. 그는 네덜란드 식민 통치 시대, 수카르노 시대, 그리고 수하르토 정권 등 세 차례에 걸쳐 수감되었다. 그가 영어의 몸이 된 이유는 작가 개인의 이해관계가 아닌 국가나 인류의 공동 가치와 관련된 것이었다. 네덜란드 식민 통치 시대에 2년 반은 식민 통치 정부에 저항하는 전단을 살포하다가 체포되었고, 수카르노 시대에 10개월은 인도네시아 중국계에 대한 정부의 부당한 조치를 수록한 저술로 인한 투옥, 그리고 수하르토 정부 시대에는 사실 특별한 이유 없이 쁘라무디아의 영향력 확산을 두려워한 정부가 그를 부루섬 등으로 14년 반 동안 유폐시켰다.

필자는 인도네시아 현지에서 쁘라무디아 선생의 평전을 출간하였고 2024년 1월에 4쇄가 발행되었다. 평론 서적의 2쇄가 흔하지 않은 현지 사정에 비추어 볼 때 이번 4쇄 발행은 쁘라무디아 선생에 대한 관심이 여전하다는 것을 반증한다고 볼 수 있다. 오래전부터 우리말로도 이 작가의 문학 세계를 소개해야 한다고 생각해왔으나 이런저런 이유로 시작하지 못했다. 그러다가 3년 전에 집필을 시작했으나 인공 지능 인도네시아어 튜터 개발 프로젝트를 수행하고 인도네시아어 말뭉치 데이터 사업을 시작하면서 역시 이 작업에 몰두할 수 없었다. 오랫동안 원고를 주물럭거리다가 이제야 출판사에 원고를 넘긴다.

이 책은 가능하면 학술적인 내음을 적게 내고 문학에 대한 쁘라무디아 선생의 수수한 생각을 담으려고 노력했다. 인도네시아 현지에서 출간한 평전이 문학 비평 성격의 글이었다면 이 책은 논문에서 할 수 없었던 작가에 대한 가벼운 이야기 등을 포함한 부담 없는 내용이다. 한-인도네시아 수교 50주년을 맞이하여 인도네시아가 배출한 세계적인 작가에 대한 이야기보따리를 풀어놓을 수 있어 기쁜 마음이다.

30년 동안 강의와 연구를 해오면서 학과 동료 교수님들의 관심과 격려가 이 책을 집필하는 데 큰 도움이 되었다. 저명한 동남아 역사학자 소병국 교수님과 종교사회학자 서명교 교수님께 감사드린다. 또한 이 책을 출간해 주신 한국외국어대학교 지식출판콘텐츠원 측과 신선호 부장님, 박미현 선생님께 고마운 말씀을 전한다.

2024년 2월

필자 고영훈

차례

IV

『인간의 대지』 4부작

V

낯설지 않은 이방인

일러두기

- 단행본은 『』, 논문 및 단편 소설은 「」, 신문, 영화, 잡지는 〈〉로 묶어 표기했다.
- 인도네시아어의 경우 원어 발음에 가깝게 표기했다.
  단, 국립국어원에 표준어로 등재된 지역명의 경우(예: 자카르타)는 국립국어원의 표기를 따랐다.

I

뻐라무디아의 삶과 문학

1 / 쁘라무디아는 누구인가?

2006년 4월 30일 쁘라무디아 선생이 향년 81세를 일기로 영면하였다. 그가 유명을 달리한 후 인도네시아, 아니 아시아권 국가에서 노벨문학상 수상자가 나올 확률이 줄었다는 이야기가 있었다. 우리나라에는 비교적 덜 알려져 있었지만 쁘라무디아는 이미 세계적인 명성을 얻고 있는 작가였다. 그의 작품을 세계 굴지의 출판사인 펭귄 출판사 등에서 번역 출간했다. 그리고 국

1989년의 쁘라무디아 선생 근영

제사면위원회, 국제펜클럽 등에서 구금 상태인 쁘라무디아를 석방하라는 요구로 인하여 세계 문단에 많이 알려져 있었다. 그가 일정 기간 동안 계속적으로 노벨문학상 후보에 올랐었기 때문에 그는 아시아를 대표하는 작가로 알려졌다. 따라서 그의 죽음은 아시아권에서 노벨문학상 수상자 배출을 잠시 유보하게 되는 안타까운 일이었다.

인도네시아 문학, 인도네시아 작가에 대하여 후한 점수를 주지 않는 경우가 많다. 그것은 오롯이 인도네시아 문학에 대한 이해가 덜하기 때문이다. 그 책임은 우선은 자신들의 문학을 우리나라에 많이 알리지 못한 인도네시아 측, 그리고 이에 대한 관심이 없는 우리 출판계에 돌릴 수밖에 없다. 인도네시아 문학 전공자가 인도네시아 문학 작품을 번역해도 이를 출간하려는 출판사가 많지 않다. 수지 타산을 따질 수밖에 없는 출판사의 상황도 이해는 간다. 그동안 이러저러한 이유로 인도네시아 문학, 인도네시아 작가가 아직 우리나라 독자들의 관심을 끌지 못했다.

한 집단의 문화가 본질적으로 그러니까 원래부터 다른 집단보다 우수하거나 열등하다고 간주할 만한 과학적인 근거는 없다. 홉스테드(Hofstede)가 설명한 대로 문화란 학습되는 것이지 유전되는 것이 아니기 때문이다.[1] 레비스트로스(Claude Levi-Strausse)도 문화 상대주의의 입장에서 보면 한 문화가 다른 문화의 활동에 대하여 '저속하다'거나 '고상하다'고 판단할 절대적인 기준이 없음을 인정한다.[2] 이를테면 개별 국가의 경제 수준이 그들의 문화 수준과는 연관성을 찾기 힘들다는 말이다.

이러한 측면에서 판단해본다면 인도네시아의 문학이 다른 나라의 문학보

---

1 Hofstede, Geert, 1995, *Cultural and Organizations: Software of the Mind*, p.28.

2 Hofstede, Geert, 1995, *Cultural and Organizations: Software of the Mind*에서 재인용. p. 229.

다 뒤떨어진다고 말할 수 없다. 인도네시아 문화와 문학을 접해본 사람이라면 더욱 그러할 것이다. 인도네시아는 2억 8천만 명의 인구의 자원 부국이며, 찬란했던 역사, 500개 종족이 꽃피운 다양한 문화와 전통을 가진 나라이다. 그리고 네덜란드에게 350년, 일본에게 3년 반 동안의 식민 통치를 겪었다. 그들이 접한 영광과 번영 그리고 절망감과 아픔은 인도네시아 문학에 그대로 투영돼 있으며 그것은 그들의 문학장을 비옥하게 하는 토대가 되었다.

15세기 이후에 서구 열강들은 외부 세계를 향해 해상 팽창을 시도하였다. 그 결과 전 지구적인 해상 네트워크를 구축하게 된다. 이를 통해 상품, 지식, 정보, 종교 등이 교류되었다. 인도네시아는 태평양과 인도양을 잇는 지점에 위치한 1만 7천여 개의 섬으로 이루어진 나라이다. 영토의 동단에서 서단까지의 거리는 8,500킬로미터에 이른다. 인도네시아는 다양한 문명권이 교류하는 길목에 위치한 요충지이기도 하다. 따라서 인도네시아에게 중요한 것은 무엇보다도 바다 경영이었다.

페르난데스는 15세기의 시점에서 보았을 때 지구적 헤게모니 쟁탈전의 우승 후보로 차라리 자바(Java)를 꼽아야 한다고 이야기한 바 있다. 자바는 인도양 한가운데 자리 잡고 있어서 우선 지정학적으로 매우 유리한데다가, 아주 넓은 지역에 걸쳐 조공 관계를 유지하면서 언제든지 군사적으로 공격할 태세를 갖추고 있었으며, 조선·지도·항해와 같은 기술적 요소도 매우 발달해 있었다. 따라서 장래 가능성을 본다면 모든 면에서 스페인이나 포르투갈보다는 자바가 더 유리했다는 것이다.[3] 실제로 자바 최초의 이슬람 왕국인 드막 왕국의 2대 술탄 빠띠 우누스(Pati Unus)는 1521년 원정대를 이끌고 자바

3 주경철, 2009, 『대항해시대』에서 재인용. p. xiii.

해를 거슬러 올라가 당시 말라카에 주둔하던 포르투갈 진영을 공격했다. 자신감이 없었다면 행할 수 없는 일이다.

작품을 통하여 일관되게 견지하려는 생각이나 사상을 문학관이라 한다면 쁘라무디아의 문학은 적어도 얼마간은 인도네시아의 역사와 선이 닿아 있다. 인도네시아가 겪은 영광과 질곡의 역사를 꿰뚫고 있는 그로서는 꿈(wunstraum)과 현실 사이의 간극을 견뎌 내기 어려웠을 것이며 문학은 그에게 그러한 간극을 줄이려는 하나의 방편이었다. 네덜란드의 저명한 인도네시아아 문학 연구가인 떼우(A. Teeuw)는 쁘라무디아를 일러 "한 세대에 한번 아니 백 년에 한 번 나올 수 있는 작가"라고 말한 바 있다.[4] 그의 작품은 세계 50개 이상의 언어로 번역 출간되었다. 1980년대 중반부터 노벨문학상 후보에 계속 올랐으며 1986년에는 나이지리아의 시인이자 소설가인 소잉카(Wole Soyinka)와 함께 최종 후보에 오르기도 했다.

2 / 쁘라무디아의 삶

루카치가 말한 바와 같이 작가는 시대의 아들이며 따라서 시대의 흐름 그리고 자신이 속한 계층과 분리해서 생각할 수 없다.[5] 문학사회학적인 입장에서 보면 작가는 직간접적으로 겪은 사회상을 자신의 작품에 반영할 수밖

4 Teeuw, A., 1980, *Sastra Baru Indonesia*, p. 242.

5 Lukacs, 1962, *The Historical Novel*, p. 254.

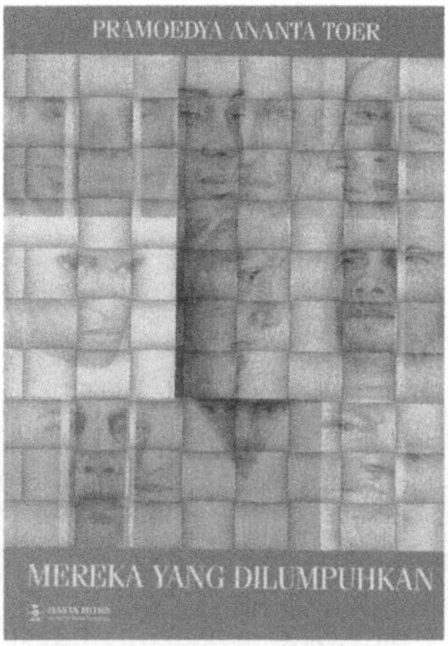

『마비된 사람들』 표지

에 없다. 이러한 측면에서 보면 작품을 들여다보는 데 있어 작가의 삶은 중요하다. 쁘라무디아의 경우는 자전적인 소설이 많기 때문에 더욱 그러하다. 예를 들면 빈곤에서 유발된 가정불화는 「그 후 그가 태어나다(Kemudian Lahirlah Dia)」(1950)에, 유년기의 가정 분위기는 「사라진 것(Yang Sudah Hilang)」(1950)에, 그리고 그의 어머니 사망 시의 집안 분위기는 「양보하는 자(Dia Yang Menyerah)」(1950) 등의 단편에 잘 나타나 있다. 또한 조국방위군의 반란 및 해방의 분위기는 『도망자(Perburuan)』(1950)에, 종군 기자 생활의 경험은 『끄란지 버까시 함락(Krandji Bekasi Jatuh)』(1947)에, 그리고 뿌르워꺼르또에서의 열차 사고를 당한 일은 「위기(Kemelut)」(1950) 등에 묘사되어 있다. 역시 부낏 두리 형무소에서의 수감 경험은 『마비된 사람들(Mereka Yang Dilumpuhkan)』(1951), 그리고 쁘라무디아의 아버지 사망 당시의 상황은 『야시장이 아니다(Bukan Pasar Malam)』(1951)등의 작품에 각각 나타나 있다.

쁘라무디아 선생 부친

블로라에 위치한 쁘라무디아 선생의 생가

쁘라무디아는 1925년 2월 6일 중부 자바의 북부에 위치한 블로라(Blora)에서 태어났다. 그는 아버지 엠 뚜르(M. Toer)와 어머니 우미 사이다(Oemi Saidah) 사이에서 태어난 9형제 중 맏이였다. 그는 어머니 뱃속에서 8개월의 미숙아로 태어났다. 쁘라무디아의 아버지는 1896년 1월 5일 꺼디리(Kediri) 군수 집안의 아들로 태어났고 자바의 전통적인 문화와 전통을 고수하는 집안에서 자랐다. 아버지 엠 뚜르의 원래 이름은 마스뚜르(Mastoer)였는데 '마스(Mas)'가 당시 자바의 귀족을 부르는 호칭으로 봉건적인 인상을 줄 수 있다고 생각하여 이를 줄여 '엠 뚜르(M. Toer)'로 불리기를 원했다. 름방(Rembang) 소재 네덜란드계 학교에서 교편을 잡고 있던 쁘라무디아의 아버지는 사이다와 결혼 후 당시 블로라 군수 띠르또 네고로(R.M. Tirtonegoro)의 권유로 부디 우또모에서 운영하는 학교(Institut Boedi Oetomo)로 옮겼다. 그는 봉급은 훨씬 적었지만 식민 통치 정부의 영향력에서 벗어나 민족주의의 이상을 실현할 수 있는 학교를 선택했다.

엠 뚜르는 블로라 지역 사회의 유명인사로 당시 블로라에서 민족주의 운동을 주도하던 수또모가 수라바야로 옮겨간 후 그의 자리를 이어받았다. 그 후에는 '인도네시아 국민당(Partai Nasional Indonesia)' 블로라 지역 당위원장을 맡기도 했다. 쁘라무디아에 따르면 그의 아버지는 자바어로 글을 쓰는 능력이 뛰어났으며 스마랑과 수라바야에서 발간되는 잡지에 그의 글이 실리기도 했다. 엠 뚜르는 학교에서 교사로 근무하면서 네덜란드 식민 통치 정부의 교과 과정을 따르지 않는 교과서를 펴냈다. 그는 네덜란드의 식민 통치 정부의 정책에 반기를 드는 이른바 진보 민족주의자였다.[6]

쁘라무디아의 어머니 사이다는 1907년생으로 름방 지역 이슬람 지도자 하지 이브라힘(Haji Ibrahim)과 사띠마(Satimah)의 딸이었다. 말하자면 사이다는 산뜨리(santri)[7] 계층 집안에서 독실한 이슬람 교육을 받고 자랐다. 사띠마는 딸 사이다를 낳고 축출당하였고 사이다는 계모 하지자(Hazizah)가 양육했다. 사이다는 네덜란드계 초등학교를 다니고 집에서 네덜란드인 선생으로부터 따로 교육을 받았다. 사이다가 15살이 되던 1922년에 그의 선생이었던 엠 뚜

쁘라무디아 선생의 동생들

---

6 좌익민족주의(Nasionalisme kiri)는 사회민족주의(Nasionalisme sosial)이라고도 하며 반제국주의, 민족의 독립을 우선으로 한다. 종족의 이익을 우선으로 하는 우익민족주의(Nasionalisme kanan)과는 결이 다르다.

7 기어츠(C. Geertz)는 자바 사회의 이슬람 계층을 신앙심에 따라 산뜨리와 아방안(abangan) 계층으로 나누었다. 전자는 독실하게 이슬람을 신봉하는 계층이며 후자는 이슬람 신도이지만 신앙심이 덜하고 자바의 전통적인 관습을 중시하는 계층이다.

르와 결혼했다.

뻐라무디아는 1929년 자신의 아버지가 교장으로 근무하는 블로라의 부디우또모 초등학교에 입학했다. 그는 초등학교 때 공부를 잘하는 학생은 아니었다. 뻐라무디아는 세 번이나 낙제를 해서 제때에 학년을 올라가지 못했다. 이러한 상황이 그의 아버지를 실망하게 만들었다. 하지만 그의 아버지는 인내심을 가지고 뻐라무디아에게 특별 교육을 시켰다. 뻐라무디아의 아버지는 자연에 관하여 설명하고 옛날이야기를 들려주었다. 그리고 소외된 계층의 삶, 민족주의, 그리고 식민 통치의 부당함에 관한 인식을 뻐라무디아에게 심어주었다. 뻐라무디아의 아버지는 자바 가멀란 악대의 공연에 뻐라무디아를 데리고 가서 함께 관람하고 자바 예술의 아름다움을 설명하기도 했다. 뻐라무디아는 보통 7년이면 졸업하는 초등학교를 10년 동안 다녔다.

1939년 초등학교를 졸업한 뻐라무디아는 중학교 과정인 물로(MULO)에 진학하려고 했으나 아버지의 반대로 뜻을 이룰 수 없었다. 그의 아버지는 뻐라무디아에게 다시 초등학교에 가서 공부하라고 했다. 사실 뻐라무디아의 집안 상황은 뻐라무디아 초등학교 졸업 1년 전인 1938년 즈음에 좋지 않게 돌아갔다. 이러한 상황은 경제적으로 어려운 상황과 더불어 뻐라무디아 아버지가 민족주의 운동에 실망한 나머지 집안일에 대하여 관심을 두지 않고 도박에 빠졌기 때문이다. 부모의 갈등 상황에서 뻐라무디아는 어머니 편을 들 수밖에 없었다. 이러한 상황이 뻐라무디아와 그의 아버지 사이를 갈라놓았다. 그와 반대로 어머니에 대한 이해와 존경심은 더욱 커졌다.

1940년 뻐라무디아는 어머니와 함께 쌀장사를 해서 모은 돈으로 수라바야의 라디오 기술학교에서 공부할 수 있었다. 뻐라무디아는 초등학교 시절부터 뉴칼레도니아에서 기술자로 일하던 그의 삼촌이 가져다준 전기기술 관련 책을 많이 접했으며 이것이 그로 하여금 기술학교에 관심을 갖게 만들었다. 쁘라무디아는 1941년 말에 1년 반 동안의 기술학교 과정을 마쳤다. 그러나 수료증은 받을 수 없었다. 그것은 인증을 받기 위하여 학교 측에서 수료증을 수라바야에서 반둥으로 보냈는데 그즈음에 일본군이 진주하는 바람에 행정이 마비되었기 때문이다. 쁘라무디아는 곧바로 블로라로 향했다. 쁘라무디아는 당시 공군 통신병으로 배치를 받았었는데 일본군이 진주하면 식민 통치군의 지휘를 받게 될 것이므로 이를 피하기 위해서였다.

1942년 3월 2일 일본군이 름방 지역에 상륙했다. 350년이라는 오랜 기간을 통치하던 네덜란드가 그 자리를 일본에게 내주고 철수한 것은 인도네시아인들에게 매우 충격적인 사건이었다. 일본이 대동아 공영권의 기치를 내세우고 인도네시아 등 동남아 국가에 진주한 것은 성공적이었다. 인도네시아 사람들은 서구의 식민 통치에서 인도네시아를 해방시킨 일본군을 환영했다. 하지만 일본의 속셈을 알아차리는 데에는 그리 많은 시간이 걸리지 않았다. 한국 등에서 30년 이상의 식민 통치로 노하우를 가졌던 일본은 인도네시아를 그들의 태평양 전쟁 준비를 위한 발판으로 삼았다. 당연히 수탈이 심할 수밖에 없었다. 3년 반 동안의 일본의 식민 통치가 350년 동안의 네덜란드의 식민 통치보다 가혹했다는 말이 나오는 이유이다. 쁘라무디아는 일본군의 잔악함을 목도하였으며 이러한 상황은 그의 여러 작품에 반영돼 있다.

이 즈음 쁘라무디아의 상황은 좋지 않았다. 아버지는 집에 들어오지 않았고 어머니는 몸져누웠기 때문이다. 그는 어머니와 여덟 동생들의 생계를 위해 일해야 했다. 그는 블로라에서 30킬로미터 떨어진 쩨뿌(Cepu)에 자전거로 왕래하며 장사했다. 쩨뿌에서 담배와 엽연초, 그리고 뜨개실을 사다가 블로라에서 되팔았다. 쁘라무디아의 극진한 간호에도 불구하고 폐결핵을 앓던 그의 어머니는 1942년 6월 3일 34살의 젊은 나이에 세상을 떠나고 말았다. 그다음 날에는 쁘라무디아의 7개월 된 막내 동생 수산띠(Soesanti)도 사망했다.

뻐라무디아의 어머니 사망 후 아딜루위(Ngadiluwih)에서 살던 쁘라무디아의 할머니 사바리야(Sabarijah)가 잠시 집안을 돌보았다. 하지만 얼마 후 할머니는 떠났고, 그 후 12살의 우미사파앗뚠(Oemisafaatoen)이 집안일을 맡았다. 두 살 더 먹은 꾼마르야뚠(Koenmarjatoen)은 집안일에서 벗어나 타자학교에 다녔다.[8]

1942년 7월 쁘라무디아는 블로라를 떠나 자카르타로 갔다. 그곳에서 중등학교 과정인 따만 시스와(Taman Siswa) 2학년에 편입했다. 쁘라무디아는 이 학교에서 공부하면서 마스 사잇(Mas Said) 교장 선생, 마라 수딴(Mara Sutan) 국어 선생, 그리고 다르마위자야(Darmawidjaja) 역사 선생의 영향을 받았다. 특히 민족의식을 일깨우는 데 있어서 중요한 요소로서 국어, 즉 인도네시아어의 중요성을 인식하였다. 이 기간 동안 쁘라무디아는 많은 책을 읽었다. 그 중에서도 그리스 철학에 관한 모하맏 핫따의 저술은 그에게 사고와 인식에 관한 눈을 뜨게 했다. 쁘라무디아는 학교를 다니면서 도메이 통신사에서 타자수로 일했다. 여기에서 받은 돈은 블로라의 동생들에게 보내 그들의 생활비에 보탰다. 1943년 8월 일본 식민 통치 정부는 따만 시스와를 폐교 조치했다. 쁘라무디아는 더 이상 학교를 다닐 수 없었다. 이때부터 쁘라무디아는 문학 작품을 탐독했다.

쁘라무디아는 1944년 2월 도메이 통신사 직원들 중에서 선발되어 중앙 참의원 속기 학교(Sekolah Stenografi Tjuo Sangiin)에서 공부할 기회가 있었다. 이 학교에서 받은 1년 동안의 교육은 쁘라무디아에게 다양한 지적인 호기심을 불러 일으켰다. 이 학교가 속기학교였지만 쁘라무디아는 여러 분야의 과목을 수강할 수 있었다. 쁘라무디아가 수강한 과목은 까룬뎅(Karundeng)의 속기법

---

8 이러한 상황은 쁘라무디아의 단편 「양보하는 자」(Dia Yang Menyerah)에 나타나 있다

을 비롯하여 라이훌 아마르(Raihul Amar Gelar Datuk Besar)의 인도네시아어, 모하맏 핫따(Mohamad Hatta)의 경제학, 마루또 니띠미하르조(Maruto Nitimihardjo)의 사회학, 그리고 수까르조 위르요쁘라노또(Sukardjo Wirjopranoto)의 정치학 등이었다. 쁘라무디아는 까룬뎅의 속기 수업을 통하여 인도네시아어의 아름다움에 눈뜰 수 있었다고 회상했다. 속기학교를 졸업할 무렵 쁘라무디아는 모하맏 야민(Mohammad Yamin)의 『디뽀네고로투쟁사』(Sedjarah Perdjoeangan Dipanegara)를 편집할 기회가 있었다. 그 후 곤당디아 소재 이슬람학교(Sekolah Tinggi Islam)에서도 공부했다.

1945년 3월 우수한 성적으로 속기학교를 졸업한 쁘라무디아는 다시 도메이 통신사로 돌아왔다. 쁘라무디아는 중일 전쟁 상황을 기록하는 부서에 배치됐다. 쁘라무디아는 이 부서에서 흥미를 갖지 못했다. 더욱이 같이 속기학교를 졸업한 직원이 편집부에 배치되자 차별 대우를 받고 있다고 생각한 쁘라무디아는 통신사 측에 몇 차례 항의를 했다. 당시 통신사의 간부 중에는 훗날 인도네시아 부통령을 지낸 아담 말릭(Adam Malik)도 있었다. 쁘라무디아의 요구는 받아들여지지 않았다. 이에 쁘라무디아는 통신사에 사표를 제출했다.

1945년 6월 쁘라무디아는 자카르타를 떠나 특별한 목적지 없이 중부 및 동부 자바를 향했다. 1945년 8월 중순, 쁘라무디아가 꺼디리의 아딜루위 지역에 체류할 때 수라바야와 모조케르토에서 온 사람들에게서 인도네시아가 해방되었다는 소식을 접했다. 쁘라무디아는 즉시 수라바야를 거쳐 자카르타로 향했다. 쁘라무디아의 눈에 보이는 자카르타는 활력이 넘쳤다. 하지만 인도네시아가 해방을 맞이했다고 해도 일본군이 일시에 모두 철수한 것은 아니었다. 일부 일본군은 아직도 자카르타에 주둔하고 있었고 연합군은 자카르타에 도착하여 잔류 일본군의 무장해제를 시도했다. 인도네시아 청년들은 자신들 마을의 질서 유지를 위한 준비를 했다. 1945년 9월 19일 수카르노와 핫따가 대중 연설을 계획하였으나 일본군이 이를 막은 것을 보면 자카르타는 적어도 해방 후 한 달 정도는 일본군의 영향력 아래 있었다고 보아야 한다.

1945년 10월 쁘라무디아는 국민치안대(Badan Keamanan Rakyat)[9]에 들어갔다. 쁘라무디아는 이등병으로 찌깜뻭(Cikampek)에 주둔하는 제6연대(Banteng Taruna)에 배속되었다. 이 부대의 작전 지역은 자카르타 동부 지역이며 훗날 서부 자바를 관할 지역으로 두는 실리왕이(Siliwangi) 사단으로 발전했다. 쁘라무디아는 비교적 단기간에 원사로 승진했다. 이 기간 동안의 경험은 쁘라무디아의 소설 『끄란지 버까시 함락(Krandji Bekasi Jatuh)』(1947)과 『버까시 강가에서(Di Tepi Kali Bekasi)』(1951)에 반영돼 있다.

『버까시 강가에서』 표지

1946년 중반 쁘라무디아는 공보 장교가 되어 60명의 사병으로 구성된 부대를 이끌었다. 그는 찌깜뻭을 본부로 두고 찌바루사, 끌렌데르, 버까시, 짜꿍, 끄란지, 끄라왕 등의 지역에서 임무를 수행했다. 쁘라무디아는 이 기간 동안 그의 첫 번째 소설 『10인의 네덜란드령 동인도 민정관(Sepuluh Kepala NICA)』을 탈고했다. 이 원고를 빠사르 바루 소재 발링까 출판사(PN

---

9 국민치안대는 1945년 8월 22일 인도네시아독립준비위원회가 의결하여 그 다음날 수까르노 대통령의 발표로 설립되었다. 일본군이 운영하던 헤이호(Heiho), 뻬따(Pembela Tanah Air) 등의 의용군 출신들로 구성되었으며 1045년 10월 5일 국민치안군(Tentara Keamanan Rakyat)으로 개편되었다가 그후 인도네시아국군(Tentara Nasional Indonesia)으로 발전했다. 인도네시아 측이 해방 후 바로 군대를 조직하지 않은 것은 해방 후에도 일본군이 잔류하고 있는 상태에서 무력 충돌을 염려했기 때문이다.

Balingka)로 넘겼지만 안타깝게도 원고가 소실되어 그 흔적을 찾을 수 없다. 이즈음에 쁘라무디아는 한 상자에 달하는 연대의 군사 문서를 정리했으나 영국군에 빼앗겼다. 그 후 자카르타에서 발행된 〈머르데까(Merdeka)〉지의 군사 고문역을 하기도 했다. 쁘라무디아는 뿌르워꺼르또에서 자신이 탄 기차가 전복되는 사고를 당하여 죽을 고비를 넘겼다. 이때의 경험은 쁘라무디아의 단편집 『혁명의 불꽃(Percikan Revolusi)』 (1950)에 수록된 「위기(Kemelut)」에 나타나 있다.

1946년 핫따(Hatta) 행정부는 인도네시아 공화국 화폐를 발행하였다. 그런데 이 화폐는 본위 화폐와의 교환 보증이 농산물인 상품 화폐였다. 태환 화폐가 아니었던 것이다. 정부군에도 구조 조정이 단행되었고 그 결과 많은 군인들이 퇴직할 수밖에 없었다. 쁘라무디아가 보기에 이러한 일련의 과정에서 정부가 많은 군인들을 이해시키는데 실패했고 따라서 불만이 쌓였다. 결국 네덜란드의 영향력으로부터 완전히 벗어나야 하는 이른바 혁명의 시기에 바람직하지 않은 상황이 발생한 것이다. 강제로 퇴직을 당한 인도네시아 군인들이 인도네시아에 대한 실망감과 반항심으로 네덜란드군에 가담한 경우도 있었다. 군부대의 상황은 어수선했고 부패가 만연했다. 쁘라무디아 역시 이러한 상황을 벗어나고자 퇴직하기로 했다. 그러나 퇴직 신청 후 7개월이 지나도 퇴직 허가가 나오지 않아 7개월의 밀린 봉급을 포기하고 군에서 나왔다.

찌깜뻭에서 자카르타로 넘어온 쁘라무디아는 1947년 1월 나이뽀스뽀스(Naipospos)와 함께 〈자유 인도네시아의 소리(The Voice of Free Indonesia)〉의 자매지 〈인식(Sadar)〉의 편집진으로 일했다. 이 즈음에 쁘라무디아는 자신이 군에서 겪은 일을 바탕으로 소설 『버까시 강가에서』를 탈고했다. 쁘라무디아는 문예지 〈빤짜 라야(Panca Raya)〉에서 편집진으로 근무하던 야신(H.B. Jassin)과도 교류했다.[10] 이때 쁘라무디아는 단편 「어디로?(Ke Mana?)」와 「빤디르 군(Si Pandir)」을 〈빤짜 라야(Pantja Raja)〉지에, 그리고 「성냥 때문에(Karena Korek Api)」를 〈밍구 머르데까(Minggu Merdeka)〉지에 발표했다.

1947년 4월 쁘라무디아는 〈인도네시아〉지의 편집장으로 일했다. 전임 편집장이 네덜란드군에 저항하는 지하 운동을 하다가 붙들려 갔기 때문에 그 자리를 이어 받았다. 1947년 7월 21일 네덜란드군의 작전이 개시되었다. 자카르타는 네덜란드군의 휘하에 들어가게 되었다. 쁘라무디아는 네덜란드군에 저항하는 전단을 소지하고 있다가 네덜란드군에 체포되었다. 1938년부터 쁘라무디아가 준비해 온 원고도 모두 압수되었다. 쁘라무디아는 구능사하리의 해군 교도소에 수감되었다가 그 후 자가 모 의 헌병 교도소로 이송되었다.[11] 쁘라무디아는 다시 부낏두리, 다마르 섬의 교도소 등으로 옮겨졌다. 쁘라무디아가 체포되고 교도소를 전전하면서 네덜란드 측은 한 번도 법적인 절차를 밟지 않았다.

1948년 부낏두리 교도소에 수감되었을 때 쁘라무디아는 강제 노역을 거부하여 교도소장과 갈등이 생겼다. 그 결과 일주일간 독방에 갇히고 식사를 제공받지 못 했다. 쁘라무디아는 그 당시 포로지원단의 일원으로 교도소를 드나들던 레싱크(Resink)[12] 교수와 알게 되었다. 레싱크 교수의 도움으로 그동안 쁘라무디아가 탈고한 원고를 반출하여 〈밈바르 인도네시아〉나 〈시아삿〉과 같은 잡지에 실을 수 있었다. 이 기간에 완성된 원고가 『도망자(Perburuan)』,

---

10 야신은 이 잡지사에 1945년부터 1947년 7월 21일까지 근무했다.

11 이에 대한 경험은 단편집 『혁명의 불꽃』에 실린 「가도 가도(Gado-gado)」에 나타나 있다.

12 레싱크(Gertrudes Johannes "Han" Resink, 1911-1997)는 인도네시아 족자카르타에서 출생한 혼혈인으로 시안이자 법학자이다. 오랫동안 국립인도네시아대학교 법과대학에 재직했다. 쁘라무디아과 친분이 두터웠다. 쁘라무디아가 그의 '인간의 대지 4부작'의 첫 소설인 『인간의 대지』에 "한(Han)에게 헌사함"이라고 기록했다.

『투사가족(Keluarga Gerilya)』 등이다. 쁘라무디아는 교도소에서 원고를 쓰면서 경제학, 사회학, 철학 등의 도서를 탐독했다. 쁘라무디아는 네덜란드군이 인도네시아에서 철수가 결정된 뒤 1949년 12월 18일 석방되었다.[13]

1950년 1월 15일 쁘라무디아는 아르파 일리아스(Arfah Ilyas)와 결혼했다.[14] 아르파 일리아스는 1946년 쁘라무디아가 찌깜삑에서 군인으로 근무할 때 알고 지냈다. 1948년 쁘라무디아가 영어의 몸이 되었을 때 적십자 단원의 일원으로 교도소를 자주 방문했고 그래서 더욱 가까워졌다. 같은 해 5월 1일 쁘라무디아는 발레이뿌스따까 출판사 인도네시아 현대 문학 에디터로 일할 기회가 생겼다. 이 출판사에 일한 지 이틀 후 쁘라무디아는 아버지가 사경을 헤매고 있다는 소식을 듣고 고향 블로라로 향했다. 사실 그해 초부터 폐결핵을

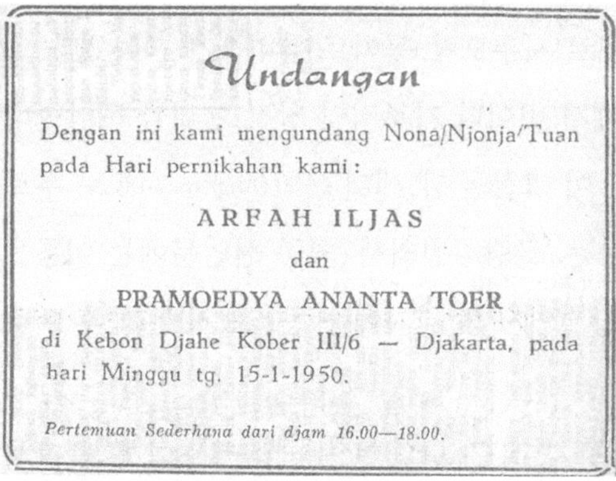

Undangan

Dengan ini kami mengundang Nona/Njonja/Tuan pada Hari pernikahan kami:

ARFAH ILJAS

dan

PRAMOEDYA ANANTA TOER

di Kebon Djahe Kober III/6 — Djakarta, pada hari Minggu tg. 15-1-1950.

Pertemuan Sederhana dari djam 16.00—18.00.

쁘라무디아 선생과 아르파 일리아스이 결혼 초대장

쁘라무디아 선생의 결혼 사진

---

13 쁘라무디아가 네덜란드군 측으로부터 석방된 날짜에 대하여 의견이 분분하다. 바흐룸 랑꾸띠(Bahrum Rangkuti)는 1949년 12월 3일, 사비트리 셰러(Savitri P. Scherer)는 1949년 12월 1일, 떼우(A. Teeuw)는 12월 말이라고 했다. 하지만 1983년 쁘라무디아가 직접 작성한 자료에는 1949년 12월 18일로 기록돼 있다. ("Pramoedya Ananta Toer: Riwayat Singkat atas Permintaan Pamusuk Eneste": p.1).

14 떼우는 쁘라무디아가 1950년 1월 13일에 결혼했다고 했는데(A. Teeuw 1997: 26), 쁘라무디아와 일리아스의 결혼 청첩장을 보면 1950년 1월 15일에 결혼한 것을 알 수 있다.

앓고 있던 쁘라무디아의 아버지 건강이 악화되었다. 쁘라무디아의 아버지는 1951년 5월 25일 결국 세상을 떠나고 말았다. 그 후 고향에 남겨진 쁘라무디아 동생들의 상황은 매우 어려웠다. 그는 장남으로서 동생들에 대한 책임감을 느꼈다. 이때의 상황은 쁘라무디아의 대표작 중의 하나인 『야시장이 아니다(Bukan Pasar Malam)』에 잘 드러나 있다. 이 즈음에 쁘라무디아는 어린이 잡지 〈반딧불이(Kunang-Kunang)〉의 편집도 맡았었다.

1950년 10월 18일에 '글랑강결의서(Surat Kepercayaan Gelanggang)'가 발표되었다. 인도네시아 문화 예술의 자율성을 강조한 이 결의서는 사실 1946년 결성된 '독립예술인무대(Gelanggang Seniman Merdeka)'가 그 모태이다. 이 단체는 아스룰 사니, 하이릴 안와르, 그리고 리바이 아뻰이 주도했다. 그 후 화가 목따르 아뻰, 헹크 안뚱, 바라루딘 엠 에스, 바수끼 레소보워, 그리고 문단에서 쁘라무디아, 우스마르 이스마일, 시또르 시뚜모랑, 목따르 루비스가 참여했다. 그들은 예술이 식민 통치의 영향에서 벗어나 자주적인 창작 행위를 해야한다고 주장했으며 로시한 안와르는 이 그룹을 '45세대 문학(Angkatan 45)'로 부르기 시작했다. 그런데 쁘라무디아는 '글랑강결의서' 최종 선언문에는 이름을 올리지 않았다. 1946년의 '글랑강결의서'의 취지에는 동조했지만 그 후 여러 가지 상황이 달라졌기 때문이다.

1951년 말에 쁘라무디아는 잠시 몸을 담았던 발레이뿌스따까 출판사를 그만 두었다. 그리고 1952년 1월에 '두따 에이전시(Literary & Features Agency DUTA)'라는 출판 법인을 설립했다.[15] 쁘라무디아는 벌어들이는 돈 거의 전부를 동생들에게 보냈다. 이렇게 어려운 상황에서 갓 결혼한 부인과의 관계가

---

15 이 출판법인은 쁘라무디아가 처가살이를 하던 장인의 집을 사무실로 사용했다. 당시 주소는 Kebon Djahe Kober III No.8였다.

원만하지 못했다. 그러나 첫째 아이 로스(Ros)가 태어나고 부인과의 갈등은 좀 사라지는 듯했다. 이 당시 쁘라무디아는 "밥 한 공기를 위해 열심히 글을 썼다."라고 회고한 적이 있다. 쁘라무디아가 설립한 출판 법인의 상황이 어려웠다. 그것은 자본 부족과 문학에 대한 독자들의 관심 부족 때문이었다. 그럼에도 불구하고 이 즈음에 쁘라무디아는 창작에 온 힘을 기울였다.[16]

1953년 5월 19일[17] 쁘라무디아는 '네덜란드-인도네시아 문화협력재단(Stichtung voor Culturele Samenwerking)'의 장학금으로 가족과 함께 네덜란드 유학을 떠났다. 하지만 유학 생활은 원만하지 못했다. 쁘라무디아가 네덜란드의 생활에 잘 적응할 수 없었기 때문이다. 문제가 된 것은 네덜란드어였다. 쁘라무디아는 네덜란드인은 물론이고 다른 유학생들보다 네덜란드어가 서툴렀다. 1953년의 한 심포지엄에서 쁘라무디아는 자신의 주장을 제대로 설명할 수 없었다. 이러한 상황에서 쁘라무디아는 열등감을 느낄 수밖에 없었다. 쁘라무디아는 당시 상황을 다음과 같이 기록하고 있다.

> "배에 오르면서 서구적인 생활 방식에 대한 거부감이 일었다. …… 물질 만능이고 진솔함 같은 것이 없다. 네덜란드에 도착 후 인상은 흡사 관 속에 들어간 느낌이었다. 그것은 이미 완전한 국가의 모습을 한 네덜란드와 이제 막 국가의 모습을 갖추어가는 인도네시아가 대조되었기 때문이다." (Teeuw 1997: 31)

---

16 1950년대 초에 쁘라무디아는 많은 작품을 발표했다. 1950년에 그의 대표작이라고 할 수 있는 『도망자』(Perburuan)와 『투사가족(Keluarga Gerilya)』, 그리고 단편집 『혁명의 불꽃(Percikan Revolusi)』, 『새벽(Subuh)』을 출간했다. 1951년에는 『버까시 강변에서(Di Tepi Kali Bekasi』), 1952년에는 『마비된 자(Mereka Yang Dilumpuhkan)』 그리고 1953년에는 『자카르타의 투쟁(Gulat di Jakarta)』을 발표했다.

17 쁘라무디아가 네덜란드로 출발한 날짜에 대하여 랑꾸띠와 사비트리 셰러는 1953년 6월, 떼우는 1980년의 서지(Sastra Baru Indonesia)에서는 1953년 말, 1997년의 서지에서는 1953년 6월이라고 했다. 그러나 1953년 6월 6일 출간된 〈드위와르나(Dwiwarna)〉지에 "1953년 5월 19일 쁘라무디아가 출국했다"는 기사를 발견할 수 있다.

쁘라무디아는 네덜란드 체류 중 베르트하임(Wertheim) 교수를 만나게 되었는데 그는 쁘라무디아의 삶에서 중요한 역할을 한 사람이다. 그리고 이때 소설 『금니를 한 어여쁜 미다(Midah Si Manis Bergigi Emas)』를 탈고하였고, 인도네시아의 국민예술협의회로부터 문학상을 수상했다.

1954년 1월 쁘라무디아는 예정보다 빨리 네덜란드에서 귀국했다. 당시 인도네시아 정부는 교육 및 문화 분야의 예산을 삭감하였는데 이러한 정책은 쁘라무디아의 '두따 에이전시'의 상황을 어렵게 만들었다. 아울러 인도네시아 정부는 발라이뿌스따까 출판사를 정부 소유로 만들었다. 쁘라무디아는 이러한 정책을 주도한 당시 모하맛 야민 교육문화부 장관을 비난하였다. 이와 같은 상황은 쁘라무디아를 경제적으로 옥죄었고 부인과의 관계도 더욱 악화되었다. 결국 쁘라무디아는 셋째 아이 네니(Nenny)를 낳고 얼마 안 되었지만 부인과 헤어졌다. 정확히 말하면 부인으로부터 추방당했다. 같은 해 쁘라무디아는 동생의 결혼식 참석차 고향 블로라를 방문했을 당시 블로라 공보국의 요청으로 고향에서 강연을 했다. 그리고 1954년 12월 5일에는 국립 인도네시아대학교 문과대학 초청으로 심포지엄에서 강연했다.[18] 이와 같은 대외 활동은 쁘라무디아에게 상당한 자신감을 주는 계기가 되었다.

1950년대의 쁘라무디아 선생

1955년 초에 쁘라무디아는 마이무나 탐린(Maimunah Thamrin)과 재혼하였다. 마이무

18 당시 학생회장은 누그로호 노또수산또(Nugroho Notosusanto)였는데 그는 훗날 인도네시아 교육문화부 장관을 지냈다.

나와는 1954년 9월 구눙아궁 도서전시회에서 처음 만났다. 그녀는 인도네시아 영웅의 칭호를 받은 정치가 후스니 탐린(M. Husni Thamrin)의 조카이다. 마이무나는 쁘라무디아가 세상을 떠나는 순간까지 함께했으며 쁘라무디아가 어려운 상황에 처해 있을 때 용기를 주고 헌신한 아내였다. 이 즈음에 쁘라무디아의 창작열은 좀 떨어져 몇 편의 단편만을 발표했을 뿐이다. 어려움에 처한 작가의 생활을 그린 단편 「젊은 날의 고요(Sunyi Senyap di Siang Hidup)」가 이즈음에 발표됐다. 쁘라무디아는 1955년에 '인도네시아 문학백과사전' 집필을 시작했다.

1956년은 쁘라무디아에게 중요한 해였다. 쁘라무디아는 1956년 중국문인협회가 주관한 노신(魯訊) 20주기 행사에 중국문예연맹의장 겸 중국학술원장 구오 모 루오(郭沫若), 중화인민 해외문화교류위원장 추두난(楚圖南) 등의 초청을 받아 북경을 방문하였다. 이 중국 방문이 쁘라무디아의 문학 활동에서 중요한 의미를 갖는다. 그것은 중국 방문을 계기로 국가 건설에서 민중의 역할이 중요함을 인식하였으며 귀국 후에는 당시 수카르노 대통령이 주창한 교도민주주의를 적극 옹호하는 등 현실참여적인 자세를 견지하였기 때문이다. 쁘라무디아는 자신의 중국 방문과 관련하여 다음과 같이 언급하였다.

> 이번 중국 방문을 통하여 강력하고 총체적인 국가 건설에 있어서 일반국민의 중요성을 인식할 수 있었다. 여기에는 모든 것이 금전, 이익과 손해에 의존하지 않고 성실한 인식과 노력에 의존한다. 인도네시아의 후진성이 실망스럽다. 인도네시아는 중국보다 먼저 해방을 맞았다. 하지만 중국이 인도네시아보다 앞서 있다. 중국은 인도네시아에 비하면 척박한 땅을 가지고 있다. 중국과 인도네시아는 같이 제국주의의 착취와 억압을 받았다. 하지만 중국은 사회 제도를 통하여 어려움을 극복했다. 인도네시아도 사회

정치 경제적인 구조의 변화가 필요하다.[19]

앞에서 말한 바와 같이 1956년의 중국 방문은 쁘라무디아의 창작 활동에서 중요한 의미를 갖는다. 그것은 중국 방문 이후 창작보다는 정치 사회 활동에 적극적으로 참여했기 때문이다. 쁘라무디아가 소설을 쓰기 시작한 것은 물론 문학에 대한 그의 관심과 열정에 기인한다. 하지만 1950년대 초반에는 생계를 유지하는 수단으로 문학에 접근한 측면도 없지 않다. 그렇지만 중국에서 돌아온 후 쁘라무디아는 국가 발전에 있어서 문학이 할 역할이 있다고 믿게 되었다. 찬란한 문화의 꽃을 피웠던 인도네시아가 중국보다 못할 이유가 없다고 생각했다. 국가 발전에는 국가를 구성하는 국민의 역할 그리고 문화 예술도 그 역할을 분담해야 한다고 믿었다. 쁘라무디아는 자연스럽게 수카르노 대통령의 교도민주주의를 지지하며 뜻을 같이하는 동료 작가들에게도 자신의 뜻을 인식시키기 위해 노력하였다.

1957년 2월 쁘라무디아는 〈국민일보(Harian Rakyat)〉에 '현수교와 대통령의 구상(Jembatan Gantung dan Konsepsi Presiden)'를 게재하여 수카르노 대통령의 구상을 지지했다. 그리고 그해 3월 헹크 안뚱(Henk Ngantung), 꼬뜻 수까르디(Kotot Sukardi) 등 67명의 예술인들과 함께 수카르노 대통령을 예방했다. 이때부터 쁘라무디아는 창작보다는 국가 발전 방안에 대한 자신의 견해를 담은 글을 주로 썼다. 같은 해 12월 쁘라무디아는 국가인력동원부(Kementerian Pengerahan Rakyat)의 자문역으로 임명되기도 했다. 이 무렵 쁘라무디아는 반뗀 지역의 근로 봉사 작업을 살펴볼 기회가 있었고, 이때의 경험은 그의 『남부 반뗀 지

19 Teeuw, A., 1997, *Citra Manusia Indonesia dalam Karya Sastra Pramoedya Ananta Toer*, p. 34.

역에서 일어난 사건(Sekali Peristiwa di Banten Selatan)』에 나타나 있다.

1958년 6월 쁘라무디아는 정부 측의 요청으로 예술가들과 함께 인도네시아 정부군과 혁명군이 대립하고 있는 서부 수마트라 지역을 방문했다. 그들은 혁명군에 동조하는 서부 수마트라 지역의 청년들을 설득하는 집회를 가졌다. 쁘라무디아는 빠당과 부낏띵기에서 연설하였다. 쁘라무디아 일행이 서부 수마트라를 방문했을 때 혁명군의 공격으로 3명이 죽임을 당했다. 이때의 상황은 그의 단편 「잔치를 벌이는 자와 죽은 자(Yang Pesta dan Yang Tewas)」에 나타나 있다. 이 즈음 쁘라무디아는 정부군의 입장을 설득한 공로로 나수띠온(A. H. Nasution) 육군참모총장으로부터 표창장을 받았다.

1958년 7월 쁘라무디아는 예술가, 기자, 대학생이 주축이 된 연구 모임 '심빳 슴빌란(Simpat Sembilan)'을 설립했다. 이 연구 모임에서는 모하맛 핫따 부통령이 주도한 이른바 '1945년 11월 3일 선언'을 폐지할 것을 요구하였다. 당시 핫따 부통령은 이 선언을 통하여 인도네시아 민주 정치 발전을 위하여 정당이 설립되어야 한다고 주장하였다. 그러나 쁘라무디아 등 '심빳 슴빌란'에 참여한 사람들은 수많은 정당의 난립이 혁명의 정신에 위배된다고 주장했다. 그것은 초반에 국민들의 손에 있던 혁명의 힘이 분열되어 정당의 정치 분쟁으로 돌아갔다고 생각했기 때문이다. 그들은 이러한 상황이 결국 국민들의 고통의 근원이 되었으며 반대로 정당의 배를 불렸다고 여겼다. 아무튼 1959년 7월 5일 수카르노 대통령은 실패했다고 여긴 '1945년 11월 3일 선언'

『남부 반뗀 지역에서 일어난 사건』의 표지

을 대통령령으로 폐기하였다.

1958년 9월 7일 쁘라무디아는 타시켄트에서 열린 '아시아-아프리카 작가 회의'에 인도네시아 대표단을 인솔하는 단장 자격으로 참석하였다. 이 회의에는 우뚜이 손따니(Utuy T. Sontani), 도동 지와쁘라자(Dodong Djiwapradja) 등이 함께 참석했다. 이 회의에서 쁘라무디아는 인도네시아 대표단의 단장으로서 공동의 결의를 도출하는데 중요한 역할을 하였다. 회의를 마친 후 쁘라무디아는 모스크바, 투르크메니스탄, 베이징, 그리고 랑군을 방문한 후 1958년 10월 21일 귀국하였다.

1959년 1월 24일 쁘라무디아는 국민문화동맹(Lembaga Kebudayaan Rakyat) 측의 초청으로 솔로에서 개최된 제1차 전국 회의에 참석하였다.[20] 이 회의에서 쁘라무디아는 국민문화동맹 대의원으로 선출되었다. 이 국민문화동맹은 경향 문학을 주창하며 인도네시아 문단에서 진보와 보수 논쟁의 중심에 서게 되는 것은 분명하다. 국민문화동맹과 쁘라무디아의 관계에 대하여 추후 다시 설명하겠지만 결론적으로 국민문화동맹 측에서는 쁘라무디아의 명성이 필요했던 것이고 쁘라무디아로서는 진보적인 성향을 가진 문화예술인들과의 폭넓은 교류가 잘못된 것이 아니라는 입장이었다.[21]

국민문화동맹의 휘장

1960년 3월 쁘라무디아는 『인도네시아 화교(Hoa Kiau di Indonesia)』를 출간했다. 그러나 이 책이 인도네시아 화교를 비호하였다는 이유로 그 다음 달 판금

20 제1차 국민문화동맹 전국 회의는 1959년 1월 24일부터 1월 28일까지 솔로에서 개최되었고 같은 기간, 즉 1959년 1월 23일부터 1월 29일까지는 문화 주간(Pekan Kebudayaan) 행사를 개최했다.

21 이를 확대해석하여 쁘라무디아를 공산주의자라고 일컫는 것은 근거가 없으며 이에 대하여 다음 장에서 설명한다.

『인도네시아 화교』의 표지

조치를 받았다. 같은 해 7월과 8월에 쁘라무디아는 봄베이, 카이로, 그리고 북경을 방문하였다. 그가 북경에서 귀국하자마자 '중국에 나라를 팔아먹었다'라는 구실로 구금되어 9개월 동안 옥고를 치루었다. 당시 문제가 된 『인도네시아 화교』는 1956년 쁘라무디아가 북경을 방문했을 때 통역을 맡았던 첸 시루아(Chen Xirua)에게 쓴 서간문 형태이다. 이 책에서 쁘라무디아는 인도네시아 화교들에게 면 단위에서 상업 행위를 금지한 1959년 5월 14일 상업부장관령(PP No.10/1959)의 부당함을 지적했다. 그는 화교들에 대한 이러한 조치가 인도주의적인 측면에서 보면 옳지 않다고 생각했다.

『인도네시아 화교』로 인하여 옥고를 치룬 후 쁘라무디아는 바로 인도네시아 문단에서 그 이전의 지위를 회복했다. 1962년 3월 16일부터 그는 루끼아(S. Rukiah)와 함께 〈빈땅 띠무르(Bintang Timoerr)〉지의 문화면인 〈렌떼라(Lentera)〉의 편집을 책임지게 되었다. 〈렌떼라〉 지면을 통하여 쁘라무디아는 문학에 대한 자신의 견해를 피력하기도 했다. 특히 인도네시아 발레이 뿌스따까 문학이 형성되는 과정에서 중요한 역할을 한 이행기의 문학을 자신이 '동화 문학(Sastra Asimilatif)'이라는 용어로 사용하여 그 중요성을 강조하였다. 이 시기의 그의 담론은 1982년 『지나간 시대(Temo Doeloe)』라는 단행본으로 출간되었다. 이 즈음에 쁘라무디아는 레스 뿌블리까대학에서 문학과 역사를 가르쳤다. 그리고 '아시아-아프리카 작가회의'와 관련된 위원으로도 활동했다.

1963년 1월 26일 쁘라무디아는 국립 인도네시아대학 세미나에서 「사회주의 리얼리즘과 인도네시아 문학」이라는 논문을 발표하였다. 이 논문에서 쁘라무디아는 사회주의 리얼리즘을 자세하게 소개하고 이를 잣대로 인도네시아 문단을 재단하였다. 쁘라무디아는 자신이 책임을 맡은 〈렌떼라〉를 통하여 문학과 이데올로기의 문제를 제기하였고 결국은 범인도주의 경향의 작가들의 결속체인 '문화성명(Manifes Kebudayaan)'과 대립하는 계기가 되었다. 당시 쁘라무디아의 표적이 된 인물은 함까(Hamka), 야신(H.B. Jassin), 그리고 위랏모 수끼또(Wiratmo Soekito) 등 이었다. 당시 쁘라무디아 등 진보주의적인 견해를 가진 문화계 인사들의 주장은 정부 측의 지지를 받았다. 1964년 3월 초의 '전 인도네시아 작가 대회(Konferensi Karyawan Pengarang se-Indonesia)'에서는 대립이 더욱 심화되었다. 결국 당시 수카르노 대통령은 1964년 5월 8일 '문화성명'의 활동을 금지하고, 같은 성향의 문예지 〈문학(Sastra)〉지를 폐간하였다.

1965년 9월 30일 공산당이 주도한 이른바 '9·30사태'는 쁘라무디아의 모든 활동을 멈추게 만들었다. 이 사태를 수습한 수하르토 군부는 50만 명 이상의 공산당 관련 인물을 숙청하였다. 이 과정에서 군부는 인도네시아 최고의 이슬람 단체 나흐들라뚤 울라마(Nahdlatul Ulama)를 이용한 것으로 알려졌다.[22] 쁘라무디아는 공산당과는 연관이 없었지만 그들의 영향력 아래에 있었던 〈빈땅 띠무르〉지의 문화면 〈렌떼라〉의 편집을 책임지고 있었다는 이유로 1965년 10월 13일 수하르토 군부에 체포되었다. 살렘바와 땅어랑 교도소를 거쳐 1969년 7월 누사 깜방안의 까랑뜽아(Karangtengah) 교도소로 이송되었다. 그 해 8월 16일에는 850명의 정치범들과 함께 부루섬 정치범 수용소(Instalasi

22 2015년 4·3평화상에서 인도네시아 나흐들라뚤 울라마(NU) 전국 운영이사회의장 무하마드 이맘 아지즈(Muhammad Imam Aziz)가 특별상을 수상하였다. 특별상 수여 이유는 그가 인도네시아에서 정치적인 이유로 50만 명 이상을 학살한 '1966년 학살사건'의 진상 규명과 화해 운동에 앞장서 국민 통합에 기여했기 때문이다. 필자는 당시 4·3평화재단 인사들과 이맘 아지즈를 인터뷰하였으며 이 인터뷰에서 이맘 아지즈는 9·30사태 이후 수하르토 군부가 나흐들라뚤 울라마 측을 부추겨 무고한 많은 사람들이 살해됐다고 언급하였다.

Bintang Timoer

Delegatie Conferentie Belanda-Djepang di Betawi.

Kenapa Indonesia tidak dibawa serta?

일간지 〈빈땅 띠무르〉

Rehabilitasi Pulau Buru)로 이송되었다.

쁘라무디아는 1969년 9월 10일 B급 정치범으로 부루섬 남렌(Namlen)에 도착했다. 수하르토 정부는 부루섬 정치범 수용소를 거의 방치하다시피 했다. 정치범들은 자신들의 노력으로 생계를 꾸려나가야 했다. 쁘라무디아는 이 시기의 절박한 상황을 논픽션 『어느 벙어리의 슬픈 노래(Nyanyi Sunyi Seorang Bisu)』(1990)[23]와 단편 「악마들과의 만남과 이별(Pertemuan dan Perpisahan dengan Iblis)」(미출간)에 기술하고 있다. 삶과 죽음 사이에서 하루하루를 버티던 쁘라무디아에게는 글을 쓴다는 것은 상상할 수도 없었고 수하르토 정부에서 집필을 허가하지도 않았다. 쁘라무디아는 자신이 구상했던 작품의 스토리를 잊어버리지 않기 위하여 동료 정치범들에게 자신이 구상하고 있던 소설의 줄거리를 이야기해 주었다.

1973년 당시 수미뜨로 보안질서유지사령관(Pangkopkamtib)이 부루섬을 방문하여 쁘라무디아를 접견했다.[24] 이 면담에서 수미뜨로는 쁘라무디아에게

---

23 이 논픽션 초고의 제목은 『어느 벙어리의 외마디 노래(Nyanyian Tunggal Seorang Bisu)』였는데 출간 과정에서 제목을 변경했다. 그 후 이 책은 *The Mute's Soliliquy: A Memoar* (*Hyperion East*, 1999)라는 제목으로 미국에서 출간되었다.

24 수미뜨로 장군은 알제리의 수도 알제이세 1973년 9월 5일부터 8일까지 열린 제4차 비동맹국정상회담에 참석하였다. 귀국 길에 수미뜨로는 프랑스와 네덜란드를 경유하였고 그곳에서 프랑스와 네덜란드 사람들로부터 쁘라무디아의 석방에 관한 질문을 받았다. 수미뜨로는 쁘라무디아에 대한 국제적인 관심에 놀랐고 자랑스럽기까지 했다고 회고했다. 수미뜨로는 귀국 후 그 해 10월 부루섬 정치범들의 심리상태를 점검한다는 명목으로 푸앗 하산(Fuad Hasan, 사빠리나 사들리(Saparinah Sadli), 수스말리아 수원도(Susmaliah Suwondo) 등의 심리학자, 그리고 로시한 안와르(Rosihan Anwar), 목타르 루비스(Mochtar Lubis), 야콥 우따마(Jacob Oetama), 나르디)Nardi D. M) 등의 언론인들과 함께 부루섬을 방문했다.

도움을 줄 수 있는 방법을 모색했고, 쁘라무디아는 타자기 지급을 원했다. 결국 그 후 타자기가 쁘라무디아에게 지급되었다. 이것은 인도네시아 정부가 쁘라무디아에게 집필을 허가한 것을 의미한다. 이때부터 쁘라무디아는 그동안 자신이 구상했던 역사소설 '인간의 대지 4부작'을 집필할 수 있었다. 수하르토 정부는 쁘라무디아가 집필한 모든 원고를 제출하도록 명령했다. 쁘라무디아는 원본은 제출하고 카본 카피를 몰래 보관하고 있다가 석방 후 출간하였다.

수미뜨로 보안질서유지사령관

쁘라무디아는 부루섬에서 인간의 대지 4부작 『인간의 대지(Bumi Manusia)』, 『열방의 아들(Anak Semua Bangsa)』, 『발자취(Jejak Langkah)』, 『유리집(Rumah Kaca)』, 그리고 『껜 아록과 껜 데데스(Ken Arok dan Ken Dedes)』[25], 『마따 뿌사란(Mata

『어느 벙어리의 슬픈 노래』 인도네시아어판과 영문판 표지

25 이 소설은 출간 시 『아록 데데스(Arok Dedes)』로 제목을 변경하였다.

Pusaran)』, 『역류(Arus Balik)』 등의 소설, 희곡 『분(Mangir)』, 그리고 논픽션 『어느 벙어리의 외마디 노래(Nyanyian Tunggal Seorang Bisu)』 등을 탈고했다. 국제펜클럽 등 국제사회의 압박을 견디지 못한 수하르토 정부는 1979년 12월 12일 쁘라무디아를 부루섬에서 석방하였다. 그는 마글랑, 스마랑, 살렘바 교도소를 거쳐 그해 12월 20일 석방되었으며 그 다음 날 집으로 돌아왔다. 하지만 완전한 석방은 아니었다. 쁘라무디아는 정기적으로 활동보고서를 제출해야 했고 참정권도 주어지지 않았다.

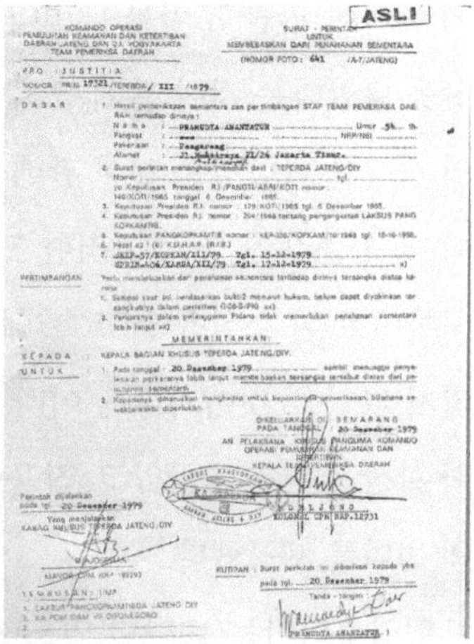
ASLI

KOMANDO OPERASI
PEMULIHAN KEAMANAN DAN KETERTIBAN
DAERAH JATENG DAN D.I. YOGYAKARTA
TEAM PEMERIKSA DAERAH

SURAT - PERINTAH
UNTUK
MEMBEBASKAN DARI PENAHANAN SEMENTARA
(NOMOR FOTO : 641 /A-T/JATENG)

PRO JUSTITIA
NOMOR 17321/TEPERDA/ XII /1979

DASAR
1. Hasil pemeriksaan sementara dan pertimbangan STAF TEAM PEMERIKSA DAERAH terhadap dirinya :
Nama : PRAMUDYA ANANTATUR Umur 54 th
Pekerjaan : Pengarang
Alamat : Jl. ... 71/26 Jakarta Timur.
2. Surat perintah menangkap/menahan dari : TEPERDA JATENG/DIY

MEMERINTAHKAN:

KEPADA : KEPALA BAGIAN KHUSUS TEPERDA JATENG/DIY.
UNTUK : 1. Pada tanggal : 20 Desember 1979

DIKELUARKAN DI : SEMARANG
PADA TANGGAL : 20 Desember 1979

KOLONEL CPN NRP.12731

Perintah dijalankan pada tgl. 20 Desember 1979

KUTIPAN : Surat perintah ini diberikan kepada ybs pada tgl. 20 Desember 1979

PRAMUDYA ANANTATUR

쁘라무디아 석방명령서

1980년 8월 17일 쁘라무디아는 인간의 대지 4부작의 제1편인 『인간의 대지』를 출간하였다. 이 책을 출간한 '하스따 미뜨라(Hasta Mitra)'는 그의 정치범 수용소 친구인 하심 라흐만, 유숩 이삭과 함께 설립한 출판사이다. 이 소설이 출간된 후 인도네시아 독자들의 반응은 폭발적이었다. 당시 수하르토 대통령의 부인 띤 여사는 쁘라무디아를 대통령궁으로 불러 접견하고 책을 전달받았다. 그리고 아담 말릭(Adam Malik) 부통령은 젊은 세대들이 선배들의 투쟁을 배울 수 있도록 이 소설을 영화로 만들어야 한다고 했다.

쁘라무디아는 1980년 12월 인간의 대지 4부작의 제2편인 『열방의 아들』을 출간하였다. 이 소설에 대한 독자들의 반응도 매우 좋았다. 그러나 1981년 5월, 즉 제1편 『인간의 대지』 출간 10개월 후에 수하르토 정부는 이 두 소설에 대하여 판금 조치를 내렸다.[26] 이 두 소설이 체제전복적인 계급투쟁의 사상을 담았다는 것이 판매 금지 조치 이유인데 설득력이 없다. 단지 계급투쟁의 사상을 담았다는 것이 판매 금지 조치 이유라면 출간 10개월이 지난 시점이 아닌 출간 후 바로 그러한 조치를 내려야 했다. 인도네시아 사람이 인도네시아어로 된 소설을 읽고 그 내용을 파악하는 데에는 그렇게 많은 시간이 걸리지 않았을 것이기 때문이다. 아무튼 수하르토 정부는 쁘라무디아의 영향력 확산을 원하지 않았고, 작품에 대한 한 평론가의 부실한 분석도 판금 조치의 빌미를 제공했다.[27]

쁘라무디아는 1982년 인도네시아 이행기의 문학에 관한 저술 『지나간 시대』를 출간했다. 이 책은 1965년까지 인도네시아 문학사에 관한 그의 연구를 토대로 혼혈인 계층이 주도한 인도네시아 이행기 문학의 중요성을 다룬 중요한 서지이다. 1985년에는 인간의 대지 4부작의 제3편 『발자취』와 인간의 대지 4부작의 모델인 띠르또 아디수르요(Tirto Adhisoerjo)의 전기 『선구자(Sang Pemula)』를 출간했다. 하지만 이 작품들도 이듬해인 1986년 5월 1일 판매 금지 조치를 당했다.

그동안 여러 차례 노벨문학상 후보에 올랐던 쁘라무디아는 1986년 노벨문학상 최종 후보에 올랐다. 결국 그해 노벨문학상은 아프리카의 시인 소잉카(Wole Soynka)에게 돌아갔지만 쁘라무디아의 문학성을 인정받고 세계 문학계에 알리는 계기가 되었다. 당시 수하르토 정부는 인도네시아 외교관들을

---

26 수하르토 정부가 판금 조치를 내릴 당시 쁘라무디아는 국립 인도네시아대학교 문과대학에서 '제3세계 지식인 계층의 자세와 역할: 인도네시아를 중심으로'라는 주제로 특강을 하고 있었다. 그는 문과대학장이 제시한 서면 명령으로 특강을 멈추었으며 그 후 1주일 동안 정보 기관의 취조를 받았다. 그리고 쁘라무디아를 초청한 국립 인도네시아대학교 문과대학 학생회 간부들은 투옥되었다.

27 이에 대하여는 4. 쁘라무디아에 대한 이념 논쟁에서 자세히 설명한다.

『지나간 시대』의 표지와 『선구자』의 표지

시켜 쁘라무디아가 노벨문학상을 받지 못하도록 하는 공작을 행한 정황이 있다. 이러한 사실은 비비시(BBC) 인도네시아 방송에서 근무하던 에까 부디안따(Eka Budianta)가 야신에게 보낸 편지에 드러나 있다.

지난 12월 25일 우리는 주 영국 대사 및 투자조정청장을 지낸 ***집에 모였습니다. 점심 식사 중에 나는 지금 인도네시아 정부를 힘들게 했던 국민문화동맹 계열의 작가와 화가들에 관한 질문을 받았습니다. 그들이 해외에서 활약하면 인도네시아 국내에서 불만이 있기 때문이라고 했습니다. 만약 미국에서 아판디(Affandi)의 그림을 전시한다면 바공 꾸수디아르조(Bagong Kusdiardjo)는 참여하지 않을 것이라고 했습니다. 그는 다음과 같이 말했습니다.

"사실 전에 쁘라무디아가 노벨문학상을 받지 못한 것은 인도네시아외교의 승리입니다." 나는 놀라서 되물었습니다.

"어떻게 그럴 수 있습니까? 그러니까 인도네시아 외교가 성공해서쁘라무디아가 노벨문학상을 못 탔다는 것입니까?"그는 분위기를 가라앉히려고 했습니다. 그는 다음과 같이 말했습니다.

"쁘라무디아가 노벨문학상을 받으면 인도네시아 정부 입장이 어려워지지 않겠습니까?" 나는 그날 밤 잠을 이룰 수 없었습니다. 나는 쁘라무디아 선생을 생각하며 울었습니다.[28]

쁘라무디아는 1987년에 『해변의 소녀(Gadis Pantai)』 그리고 1988년에는 인간의 대지 4부작의 마지막 소설 『유리집』과 『시띠 마리아전(Hikayat Siti Mariah)』을 출간했다. 『유리집』은 1988년 6월 8일, 『해변의 소녀』와 『시띠 마리아전』은 1988년 8월 3일에 각각 판매 금지 조치를 당했다. 평소 줄담배를 피우던 쁘라무디아는 1989년 1년간 금연하였다. 쁘라무디아의 건강을 염려한 부인 마이무나의 권유 때문이었다. 하지만 그는 그 1년 동안 한 줄의 글도 쓰지 못했다. 작가가 글을 쓰지 못하는 것은 작가로서 존재의 의미가 없다고 생각한 쁘라무디아는 다시 담배를 입에 물었다.

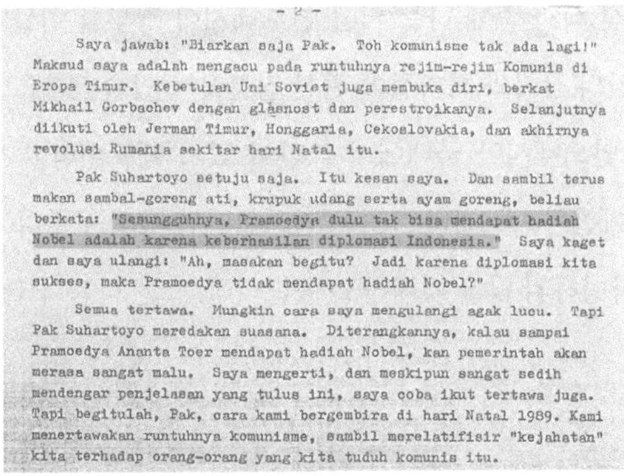

- 2 -

Saya jawab: "Biarkan saja Pak. Toh komunisme tak ada lagi!" Maksud saya adalah mengacu pada runtuhnya rejim-rejim Komunis di Eropa Timur. Kebetulan Uni Soviet juga membuka diri, berkat Mikhail Gorbachev dengan glasnost dan perestroikanya. Selanjutnya diikuti oleh Jerman Timur, Honggaria, Cekoslovakia, dan akhirnya revolusi Rumania sekitar hari Natal itu.

Pak Suhartoyo setuju saja. Itu kesan saya. Dan sambil terus makan sambal-goreng ati, krupuk udang serta ayam goreng, beliau berkata: "Sesungguhnya, Pramoedya dulu tak bisa mendapat hadiah Nobel adalah karena keberhasilan diplomasi Indonesia." Saya kaget dan saya ulangi: "Ah, masakan begitu? Jadi karena diplomasi kita sukses, maka Pramoedya tidak mendapat hadiah Nobel?"

Semua tertawa. Mungkin cara saya mengulangi agak lucu. Tapi Pak Suhartoyo meredakan suasana. Diterangkannya, kalau sampai Pramoedya Ananta Toer mendapat hadiah Nobel, kan pemerintah akan merasa sangat malu. Saya mengerti, dan meskipun sangat sedih mendengar penjelasan yang tulus ini, saya coba ikut tertawa juga. Tapi begitulah, Pak, cara kami bergembira di hari Natal 1989. Kami menertawakan runtuhnya komunisme, sambil merelatifisir "kejahatan" kita terhadap orang-orang yang kita tuduh komunis itu.

에까 부디안따가 야신에게 보낸 편지

28 1990년 1월 5일 에까 부디안따가 야신에게 보낸 서신의 일부.

1991년 쁘라무디아의 『어느 벙어리의 슬픈 노래(Lied van een Stomme)』 네덜란드어 번역본이 네덜란드에서 출간되었다. 그 후 이 책은 쁘라무디아의 70회 생일을 기념하여 1995년 2월 6일 인도네시아에서 출간했다. 전술한 바와 같이 이 책은 쁘라무디아의 부루섬 유폐 10년의 기록이다. 1995년 8월 17일 쁘라무디아은 인도네시아, 네덜란드 및 말레이시아에서 소설 『역류(Arus Balik)』를 출간했다. 750쪽에 달하는 이 역사소설은 독자들로 하여금 인도네시아 역사를 반추하게 하였다.

『어느 벙어리의 슬픈 노래』 네덜란드어 번역본

1995년 8월 마닐라의 막사이사이상재단은 쁘라무디아에게 '언론, 문학, 창의적 소통' 부문의 막사이사이상을 수여했다. 이에 대하여 목타르 루비스 등 일부 예술인들이 반대 성명을 내기도 했다. 하지만 아입 로시디, 구나완 모하맏, 그리고 아립 부디만 등 대부분 저명한 문화계 인사들은 쁘라무디아의 수상을 축하했다.

쁘라무디아는 1999년 2개월에 걸쳐 미국과 캐나다를 방문하였다. 한 해 전인 1998년 5월 21일 수하르토가 인도네시아 국민들의 압박을 견디지 못하고 하야했기 때문에 쁘라무디아의 외국 방문이 가능했다. 쁘라무디아는 그 동안에도 여러 차례 외국 단체나 기관의 초청이 있었지만 이에 응하지 않았다. 쁘라무디아는 인도네시아 국내보다 외국이 자신의 안전에 더 위험하다고 생각했기 때문이다. 당시 미국 방문에서 중요한 역할을 한 사람은 코넬대학의 벤 앤더슨 교수였다. 1999년 5월 1일 미국 방문 중 쁘라무디아는 미시간대학 학위수여식에서 명예 인문학박사 학위를 받았다.[29] 쁘라무디아는 미국 방문 중 코넬대학교 및 포츠담대학을 방문하여 특강을 하는 등 다양한 행사에 참석하였다.

쁘라무디아는 부인 마이무나 여사와 함께 보고르 보종 그데(Bojong Gede) 지역에 신축한 가옥에서 말년을 지냈다. 여기에서 쁘라무디아는 국내외의 여러 인사들을 접견하고 그동안 자신이 수집한 자료를 정리했다. 쁘라무디아는 말년에 "나는 내가 소유하고자 했던 것을 다 소유했다. 그리고 내가 쓰고 싶었던 것을 다 썼다."라고 말한 적이 있다. 쁘라무디아가 말년에 자신의 분신과도 같았던 유숩 이삭과 소원한 관계에 있었던 것은 아쉬운 점이다.[30] 쁘라무디아는 2006년 4월 30일 동부 자카르타 우딴 까유의 자택에서 81세를 일기로 별세했다.

쁘라무디아 선생의 2006년 모습과 유숩 이삭

29 1999년 5월 1일 학위수여식에서 미시간대학 측은 쁘라무디아 이외에도 가나 출산의 코피 아난(Kofi Annan) 유엔 사무총장에게 명예 법학박사 학위를 수여했다.

30 하스따미뜨라 출판사를 공동으로 설립한 유숩 이삭은 쁘라무디아의 작품을 편집하는 등 서로 밀접한 관계였다. 하지만 말년에 쁘라무디아 자식들이 제기한 작품의 인쇄 부수 문제로 오해가 생겼으나 결국 이를 해결하지 못한 상태로 사망했다.

뻐라무디아는 생전에 전술한 막사이사이상 이외에도 미국 펜(PEN)클럽의 '저술자유상(Freedom-to-Write Award, 1988)', 뉴욕 자유표현재단상(1989), 라이든 바르트하임재단의 베르트하임상(Wertheim Award, 1995), 유네스코 마단짓싱상(Madanjeet Singh Prize, 1996), 프랑스 정부로부터 문화예술공로훈장기사장(Chevalier de l'Ordre des Arts et des Lettres, 1999), 뉴욕예술재단상(New York Foundation for the Arts Award), 후쿠오카문화예술대상(Fukuoka Cultral Grand Prize, 2004), 노르웨이작가협회 표현의자유상(The Norwegian Authors Union Freedom of Expression Prize, 2003), 칠레공화국 파블로네루다문학상(Centerario Pablo Neruda Award, 2004) 등을 수상했다.

3 / 산·신전·해 – 뻐라무디아의 소설 쓰기

작가는 저마다의 문학에 접근하는 방식이 있다. 그것은 크게는 문학의 역할에 대한 본인의 생각이 될 수 있고 또 한편으로는 작품을 생산해 내는 정형화된 과정이 있을 수 있다. 뻐라무디아 역시 마찬가지이다. 그는 문학이 국가와 사회에서 차지하는 비중과 역할이 있다고 생각하는 작가이다. 앞에서 말한 바와 같이 1956년 중국 방문 이후로 문학에 대한 뻐라무디아의 생각이 공고해졌다. 그는 국가의 발전에 있어서 그 구성원으로서 국민의 역할이 중요하며, 작가도 국민이기 때문에 국가의 발전을 위해 의미 있는 역할을 해야

막사이사이상 시상 안내장

한다고 생각했다. 쁘라무디아는 자신의 창작 과정을 다음과 같이 설명했다.[31]

뻐라무디아에게 글을 쓰게 한 동력은 '노잣돈'으로 이해할 수 있는 '뻐상온(pesangon)'이다. 노잣돈은 먼 길을 떠날 때 필요한 돈이다. 쁘라무디아가 자신의 어머니로부터 받았다고 생각하는 노잣돈은 '빠띠라가(patiraga)'이다. 어의적으로는 '몸을 태우다' 혹은 '육신을 죽이다'라는 의미의 빠띠라가는 '완전한 자기 자신의 육신적인 소멸'을 뜻한다. 이것을 달리 말하면 '영적인 집중을 위한 신비스러운 단련'을 말하며 그리하여 '육신이 소멸된' 상황을 의미한다. 쁘라무디아는 자신에게 정신적인 위기가 닥쳤을 때 빠띠라가를 한다고 했다. 예를 들어 자신의 삶이 막다른 길에 닿았을 때 이러한 빠띠라가를 통하여 '종이 주인에게' 다가가고, 모든 것을 절대자에게 맡기며, 자신이 무의미한 존재가 되었을 때는 자신의 삶조차도 던질 수 있다고 했다.

쁘라무디아가 절대자에게 모든 것을 맡겼을 때 절대자는 자신에게 또 다른 능력을 돌려준다고 했다. 절대자가 그에게 준 것은 '산', '신전', 그리고 '해'이며 그의 창작 과정을 이러한 상징으로 설명할 수 있다. 산은 산의 정상으로 상징되는 뻐상온으로써 작가가 가지고 있는 창작에 대한 타고난 재능을 의미한다. 얼마간은 타고나야 한다는 것이다. 신전은 후천적으로 얻는 지식, 경험, 창의성, 지혜이며 '산'이 상징하는 것에서 추출된다. 해는 진솔성을 동반한 자아이며 특정 작가가 다른 작가와 구별되는 중요한 요소이다. '개성'이라고 할 수도 있지만 그보다는 더 포괄적인 의미의 자아이다. 산, 신전이 그려진 그림을 밝게 해주거나 어둡게 만드는 것은 해이다. 해가 존재함으로써 산과 신전을 더욱 의미 있게 해주며 결국 하나의 그림이 완성된다.

---

31 Pamusuk Eneste(ed.). Proses Kreatif 1: Mengapa dan Bagaimana Saya Mengarang(GPU, 2020) pp.1-25를 참조.

이러한 세 개의 요소를 존재하게 하는 바탕은 '미스티쿰(mysticum)'[32]이다. 미스티쿰은 '신비한'이라는 의미이지만 여기에서 쁘라무디아가 의도하는 바는 '신비한 상황'이며 그는 이를 '행복의 섬(Island of Happiness)'이라 불렀다. 쁘라무디아는 이러한 상황이 되어야 창작이 가능하다고 했다. 미스티쿰은 자유롭고 독립된 상황이며 정치적, 경제적, 사회적인 권력에서 벗어난 상황이다. 다시 말하면 이것은 고행과 명상의 은둔 상황이다. 쁘라무디아는 무엇인가에 집중할 수 있는 이러한 상황을 창작에 필수적인 조건으로 보았다. 그래서 순진무구한 사유를 가능케 하는 세계이다. 외부와 단절된 이러한 상황은 주인과 종이 어우러지며 시간의 흐름이 정지된 상황이고, 창작이 하나의 신념, 신앙이 되는 상황이다. 쁘라무디아는 대부분의 주요 작품을 감옥 혹은 유배지에서 탈고했다. 세속적으로는 부자유한 이러한 세계가 그에게 있어서는 이른바 창작을 가능케 하는 완전한 자유의 세계이며 '행복의 섬'이다. 실제로 그는 『도망자』, 『투사가족』 그리고 『인간의 대지』 등 인간의 대지 4부작을 교도소에서 탈고했다.

쁘라무디아는 이러한 상황에서 창작을 시작하게 하는 것은 작가 개인의 내적 충동(inward urging)이라고 했다. 이것은 명예나 안락함을 위한 것이 아닌 해로 상징되는 본연의 자아가 결정적인 역할을 한다고 하였다. 햇볕이 들지 않는 곳은 어둡다. 밤이기 때문에 해가 빛을 발하지 않는 것이 아니다. 시간이나 기회가 없어서 창작이 이루어지지 않는 것이 아니다. 내적 충동이 없기 때문이다. 다시 말하면 해가 없기 때문에 햇볕이 들지 않는다. 해가 없는 상황은 창작이 아닌 단순한 생산을 가능하게 한다. 산과 신전을 있는 그대로 묘사할 뿐이다.[33]

32 기독교에서는 그리스도의 몸(Corpus Mysticum Christi)을 의미한다.

33 Pramoedya, 1983, "Perburuan 1950 dan Keluarga Gerilya 1950", *Indonesia*, No.46, p. 36.

4 / 쁘라무디아에 대한 이념 논쟁

1) 『인간의 대지』 4부작 판금 조치와 비평가의 빌미 제공

쁘라무디아를 공산주의자라고 하는 사람이 있다. 그리고 인도네시아 정부 측은 쁘라무디아의 『부루섬』 4부작이라고도 불리는 『인간의 대지』 4부작이 체제전복적인 계급투쟁의 사상을 내포하고 있다는 이유로 그의 모든 작품에 대하여 판매 금지 조치를 내린 바 있다. 앞에서 말한 바와 같이 1995년 쁘라무디아가 막사아사이상을 수상하자 언론인 출신의 작가 목타르 루비스는 이에 거부감을 표시하고 자신이 이전에 받은 막사아사이상을 필리핀 막사이사이재단에 반납하기도 했다.[34] 이러한 일련의 조치 및 사건은 일부는 선입관, 일부는 과거 쁘라무디아의 진보적인 행적에 대한 반감에서 나온 것이다. 목타르 루비스의 이러한 행동은 인도네시아 문학을 사랑하는 인도네시아 내외 독자들의 반감을 샀으며 결코 자연스러운 모습이 아니었다. 그것은 상을 수여하는 막사이사이재단의 판단을 부정하는 것이었기 때문이다.

1965년 인도네시아 공산당이 사주한 쿠데타, 이른바 '9·30사태' 직후 수하르토 군부가 쁘라무디아를 유폐시킨 것은 인도네시아 공산당과 쁘라무디아 사이의 연관성이 있었기 때문이 아니다. 당시 군부는 체포 영장이나 재판 등 아무런 법적 절차 없이 쁘라무디아를 체포했고 그 후 14년 동안 사회로부터 격리시켰다. 쁘라무디아가 좌익 계열의 신문 〈빈땅 띠무르〉지의 문화면 '렌

34 목타르 루비스는 당시 상장을 반납했으나 그가 막사이사이재단으로부터 받은 상금은 반납하지 않았다.

떼라'의 편집을 책임지고 있었다는 것이 그를 그토록 오랜 기간 동안 사회에서 격리시킬 이유로서 불충분하다는 것은 이미 알려진 사실이다. 수하르토 군부는 당시 공산당이 주도한 쿠데타를 진압하고 정권을 잡기 위하여 철저한 반공 프레임이 필요했고 공산당과 관련이 있다고 생각되는 모든 것을 배격해야 했다. 이와 같은 맥락에서 아무런 재판 절차도 거치지 않고 쁘라무디아를 부루섬 등으로 유폐한 것은 그의 영향력을 차단하기 위한 방편이라고 볼 수 있다.

쁘라무디아는 한 번도 자신이 공산주의자라고 말한 적이 없다. 나아가 자신은 공산주의자가 아니라고 수차례 이야기했다. 그렇다면 쁘라무디아의 행적이나 작품에 표출된 사상으로 그것을 판단해야 하는데 그가 공산주의자라는 것을 증명할 아무런 근거가 없다. 쁘라무디아와 공산주의를 연결시키려는 사람들은 대부분 그의 작품에 대한 그릇된 해석에서 연유한다. 특히 1965년 인도네시아 공산당이 연루된 '9·30사태'의 진압을 계기로 권력을 잡은 수하르토 정권의 입장에서는 철저한 반공 정책을 지향할 수밖에 없었고 당시 공산당의 비호를 받고 있다고 여겨진 〈빈땅 띠무르〉지 문화면의 편집을 맡았던 쁘라무디아에게는 이것이 족쇄가 돼버렸다.

수카르노 대통령은 1956년 이른바 '교도민주주의'의 핵심 요소인 '나사콤(Nasakom) 체제'를 주창하였다. '나사콤 체제'는 민족주의 진영, 종교계, 그리고 공산주의 진영의 인사를 포괄하여 정부를 구성한 것이다. 수카르노는 서구의 의회민주주의는 내부의 갈등을 유발할 수 있어서 인도네시아의 실정에 맞지 않았다고 판단했다.[35] 오히려 국가의 통합과 조화를 위하여 '나사콤 체

---

35 수카르노는 인도네시아 독립 이전에 이미 '나사콤 체제'에 대한 구상을 가지고 있었다. 1927년 그는 「민족주의, 이슬람, 그리고 마르크시즘 (Nasionalisme, Islam, dan Marxisme)」이라는 논문을 발표했는데 여기에서

제'가 인도네시아에 적합하다고 본 것이다. 이에 따라 군부를 위주로 한 민족주의 진영, 이슬람교 인사들의 종교계, 그리고 공산주의 인사 등 3주체가 '나사콤 체제'를 형성했다. 그러니까 당시 인도네시아 공산당은 인도네시아의 체제를 지탱하는 하나의 축이었다. 이와 같은 맥락에서 판단한다면 쁘라무디아가 〈빈땅 띠무르〉지 문화면의 편집을 맡은 것은 당시의 상황에서는 문제될 것이 없는 일이었다.

'나사콤 체제'의 휘장

쁘라무디아는 오랜 기간 동안 부루섬에 유폐되었다가 1979년 12월에 자유의 몸이 되었다. 그 후 '인간의 대지 4부작'을 출간하였으며 이 소설들은 수하르토 정부에 의하여 모두 판매 금지를 당하였다. 앞에서 언급한 바와 같이 당시 아담 말릭 부통령 등 인도네시아 지도층은 이 소설의 출간을 반겼다. 후세들이 식민 통치를 겪은 선배들의 투쟁을 배워야 한다고 하면서 이 소설의 영화화를 기대하기도 했다. 그러나 '인간의 대지 4부작'의 1편인 『인간의 대지』가 출간된 지 10개월이 지난 1981년 5월 27일 인도네시아 대검찰청은 이 책을 출간한 하스따 미뜨라의 하심 라흐만을 소환했으며 이틀 뒤에 이 소설이 체제전복적인 계급투쟁의 사상을 담고 있다는 이유로 인도네시아 전역에 판매 금지 명령을 내렸다.

위에서 언급한 바와 같이 이 소설은 1980년 8월 17일에 출간되었다. 출간 후 독자들의 열렬한 호응을 받았고 인도네시아 집권층에서도 찬사를 보냈다. 그러나 10개월 후인 1981년 5월에 갑자기 판매 금지 조치를 당했다. 소설

네덜란드 식민 통치에 대항하는 3주체의 통합이 중요하다는 점을 주장했다.

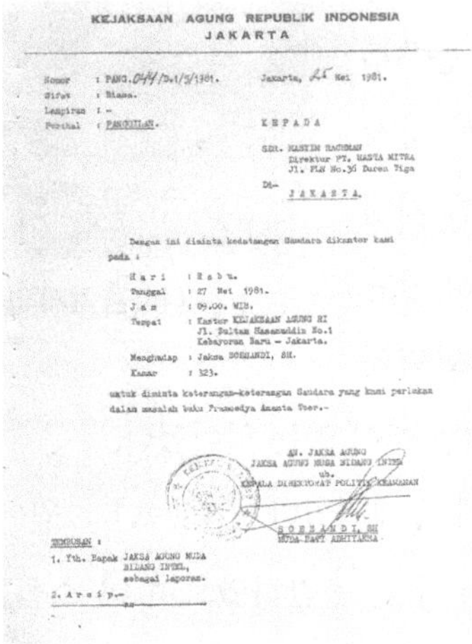

KEJAKSAAN AGUNG REPUBLIK INDONESIA
JAKARTA

Nomor : PANG.044/D.1/5/1981. Jakarta, 25 Mei 1981.
Sifat : Biasa.
Lampiran : -
Perihal : PANGGILAN.

K E P A D A

SDR. HASYIM RACHMAN
Direktur PT. HASTA MITRA
Jl. PLN No.36 Duren Tiga
Di-
J A K A R T A.

Dengan ini diminta kedatangan Saudara dikantor kami pada :

Hari : Rabu.
Tanggal : 27 Mei 1981.
Jam : 09.00. WIB.
Tempat : Kantor KEJAKSAAN AGUNG RI
Jl. Sultan Hasanuddin No.1
Kebayoran Baru – Jakarta.
Menghadap : Jaksa SOEHANDI, SH.
Kamar : 323.

untuk diminta keterangan-keterangan Saudara yang kami perlukan dalam masalah buku Pramoedya Ananta Toer.-

AN. JAKSA AGUNG
JAKSA AGUNG MUDA BIDANG INTEL
ub.
KEPALA DIREKTORAT POLITIK KEAMANAN

S O E H A N D I, SH
MUDA BAKTI ADHYAKSA

TEMBUSAN :
1. Yth. Bapak JAKSA AGUNG MUDA BIDANG INTEL, sebagai laporan.
2. A r s i p.-

하심 라흐만 대검찰청 소환장

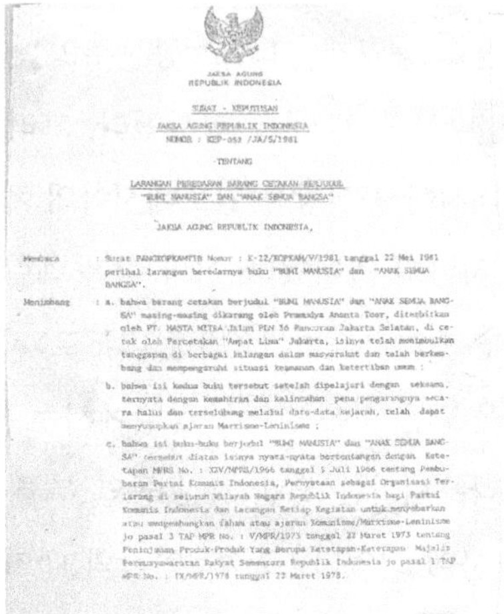

JAKSA AGUNG
REPUBLIK INDONESIA

SURAT - KEPUTUSAN
JAKSA AGUNG REPUBLIK INDONESIA
NOMOR : KEP-052 /JA/5/1981

TENTANG

LARANGAN PEREDARAN BARANG CETAKAN BERJUDUL
"BUMI MANUSIA" DAN "ANAK SEMUA BANGSA"

JAKSA AGUNG REPUBLIK INDONESIA,

Membaca : Surat PANGKOPKAMTIB Nomor : K-22/KOPKAM/V/1981 tanggal 22 Mei 1981 perihal larangan beredarnya buku "BUMI MANUSIA" dan "ANAK SEMUA BANGSA".

Menimbang : a. bahwa barang cetakan berjudul "BUMI MANUSIA" dan "ANAK SEMUA BANGSA" masing-masing dikarang oleh Pramudya Ananta Toer, diterbitkan oleh PT. HASTA MITRA Jalan PLN 36 Pancoran Jakarta Selatan, di cetak oleh Percetakan "Ampat Lima" Jakarta, isinya telah menimbulkan tanggapan di berbagai kalangan dalam masyarakat dan telah berkembang dan mempengaruhi situasi keamanan dan ketertiban umum ;

b. bahwa isi kedua buku tersebut setelah dipelajari dengan seksama, ternyata dengan kemahiran dan kelincahan pena pengarangnya secara halus dan terselubung melalui data-data sejarah, telah dapat menyusupkan ajaran Marxisme-Leninisme ;

c. bahwa isi buku-buku berjudul "BUMI MANUSIA" dan "ANAK SEMUA BANGSA" tersebut diatas isinya nyata-nyata bertentangan dengan Ketetapan MPRS No. : XXV/MPRS/1966 tanggal 5 Juli 1966 tentang Pembubaran Partai Komunis Indonesia, Pernyataan sebagai Organisasi Terlarang di seluruh Wilayah Negara Republik Indonesia bagi Partai Komunis Indonesia dan Larangan Setiap Kegiatan untuk menyebarkan atau mengembangkan faham atau ajaran Komunisme/Marxisme-Leninisme jo pasal 3 TAP MPR No. : V/MPR/1973 tanggal 22 Maret 1973 tentang Peninjauan Produk-Produk Yang Berupa Ketetapan-Ketetapan Majelis Permusyawaratan Rakyat Sementara Republik Indonesia jo pasal 1 TAP MPR No. : IX/MPR/1978 tanggal 22 Maret 1978.

『인간의 대지』와 『열방의 아들』의
판매 금지 명령서

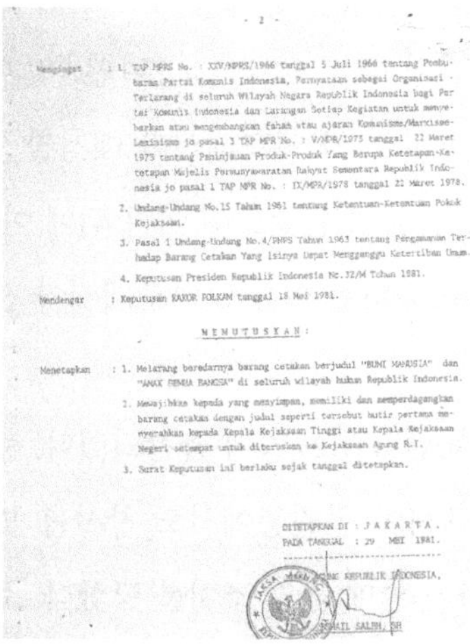

- 2 -

Mengingat : 1. TAP MPRS No. : XXV/MPRS/1966 tanggal 5 Juli 1966 tentang Pembubaran Partai Komunis Indonesia, Pernyataan sebagai Organisasi Terlarang di seluruh Wilayah Negara Republik Indonesia bagi Partai Komunis Indonesia dan Larangan Setiap Kegiatan untuk menyebarkan atau mengembangkan faham atau ajaran Komunisme/Marxisme-Leninisme jo pasal 3 TAP MPR No. : V/MPR/1973 tanggal 22 Maret 1973 tentang Peninjauan Produk-Produk Yang Berupa Ketetapan-Ketetapan Majelis Permusyawaratan Rakyat Sementara Republik Indonesia jo pasal 1 TAP MPR No. : IX/MPR/1978 tanggal 22 Maret 1978.

2. Undang-Undang No.15 Tahun 1961 tentang Ketentuan-Ketentuan Pokok Kejaksaan.

3. Pasal 1 Undang-Undang No.4/PNPS Tahun 1963 tentang Pengamanan Terhadap Barang Cetakan Yang Isinya Dapat Mengganggu Ketertiban Umum.

4. Keputusan Presiden Republik Indonesia No.32/M Tahun 1981.

Mendengar : Keputusan RAKOR POLKAM tanggal 18 Mei 1981.

M E M U T U S K A N :

Menetapkan : 1. Melarang beredarnya barang cetakan berjudul "BUMI MANUSIA" dan "ANAK SEMUA BANGSA" di seluruh wilayah hukum Republik Indonesia.

2. Mewajibkan kepada yang menyimpan, memiliki dan memperdagangkan barang cetakan dengan judul seperti tersebut butir pertama menyerahkan kepada Kepala Kejaksaan Tinggi atau Kepala Kejaksaan Negeri setempat untuk diteruskan ke Kejaksaan Agung R.I.

3. Surat Keputusan ini berlaku sejak tanggal ditetapkan.

DITETAPKAN DI : J A K A R T A .
PADA TANGGAL : 29 MEI 1981.

JAKSA AGUNG REPUBLIK INDONESIA,

ISMAIL SALEH, SH

빠당지방검찰청의
판금도서 수령 확인서

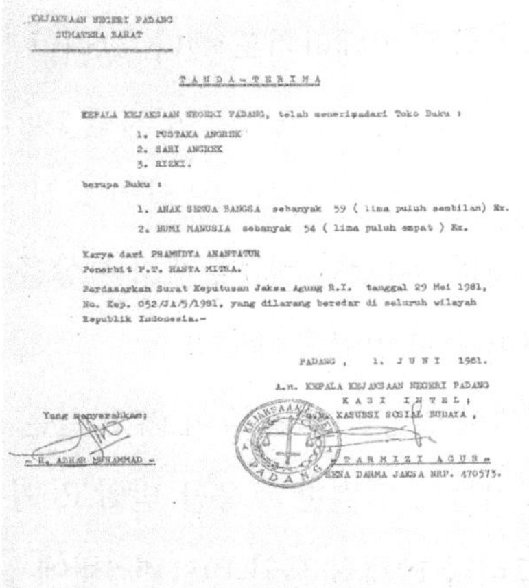

KEJAKSAAN NEGERI PADANG
SUMATERA BARAT

T A N D A – T E R I M A

KEPALA KEJAKSAAN NEGERI PADANG, telah menerimadari Toko Buku :

1. PUSTAKA ANGREK
2. SARI ANGREK
3. RIZKI.

berupa Buku :

1. ANAK SEMUA BANGSA sebanyak 59 (lima puluh sembilan) Ex.
2. BUMI MANUSIA sebanyak 54 (lima puluh empat) Ex.

Karya dari PRAMUDYA ANANTATUR
Penerbit P.T. HASTA MITRA.
Berdasarkan Surat Keputusan Jaksa Agung R.I. tanggal 29 Mei 1981, No. Kep. 052/JA/5/1981, yang dilarang beredar di seluruh wilayah Republik Indonesia.-

PADANG , 1. J U N I 1981.

A.n. KEPALA KEJAKSAAN NEGERI PADANG
K A S I I N T E L ;
u.b. KASUBSI SOSIAL BUDAYA ,

Yang menyerahkan;

– H. AZHAR MUHAMMAD –

– T A R M I Z I A G U S –
SENA DARMA JAKSA NRP. 470573.

서점으로부터 쁘라무디아 선생의
소설을 회수한 지방검찰청 확인서

이 체제전복적인 계급투쟁의 사상을 담고 있었다면 출간 즉시 판매 금지 조치가 내려졌어야 한다. 인도네시아인이 인도네시아어로 쓰인 소설의 내용과 그 안에 담긴 사상을 파악하는 데 10개월이라는 기간이 걸렸다는 사실은 납득하기 어렵다. 거듭 언급하지만 『인간의 대지』가 출간된 후 이 소설을 영화로 제작해야 한다고까지 이야기했던 수하르토 정권이 갑자기 태도를 바꾼 것은 쁘라무디아의 영향력 확산을 달가워하지 않았기 때문이었다.

이와 더불어 『인간의 대지』에 대한 인도네시아 정부의 판매 금지 조치에 빌미를 제공한 것은 이 소설에 대한 우마르 유누스(Umar Junus)의 분석이다. 우마르 유누스는 1981년 3월 말레이시아 문예진흥원이 발행하는 〈데완 사스뜨라(Dewan Sastera)〉지에 「계급투쟁의 함정에 빠지다」라는 논문을 실었다. 인도네시아의 관변 잡지 〈뻐르셉시(Persepsi)〉는 이 논문을 1981년 제1호(4,5,6월 통합호)에 다시 게재했고, 인도네시아 정부는 1981년 5월 29일 인도네시아 전역에서 『인간의 대지』에 대한 판매 금지 조치를 내렸다. '빤짜실라[36] 수호'를 기치로 빤짜실라재단에서 발간하는 〈뻐르셉시〉는 1981년 제1호를 『인간의 대지』 판매 금지 관련 특집으로 꾸몄다. 여기에는 우마르 유누스의 논문 이외에도 안드레 하르자나(Andre Hardjana), 마흐루스 이르샴(Mahrus Irsyam)의 논문, 그리고 야하야 이스마일(Yahaya Ismail)의 저서 『인도네시아 국민문화동맹의 성장, 발전 그리고 몰락』에 대한 아리위아디(Ariwiadi)의 서평을 같이 실었다.[37]

---

36 '빤짜실라(Pancasila)'는 인도네시아 건국 이념이다. 산스크리트어에서 유래한 자바 고어로 '빤짜'는 '숫자 5', '실라'는 '원칙'을 의미한다. 빤짜실라의 5개 원칙은 전능한 신에 대한 믿음, 인간애, 통일 인도네시아, 합의에 바탕을 둔 민주주의, 사회 정의이다.

37 안드레 하르자나는 "쁘라무디아 아난따 뚜르: 하나의 오리엔테이션", 마흐루스 이르샴은 "위기에서의 얽힌 실타래: 작가와 정치"를 각각 게재했다.

〈빠르셉시〉 1981년 4·5·6월호

특히 말레이시아에서 발표한 우마르 유누스의 서평이 인도네시아 관변 잡지에 실린 것은 의도적인 것으로 판단된다. 우마르 유누스는 논문의 서두에서부터 시비를 걸었다. 쁘라무디아가 이전에는 본인의 이름을 'Pramudya Ananta Tur'로 썼는데 『인간의 대지』 표지에는 구 철자법을 따르는 'Pramoedya Ananta Toer'로 표기했다고 하면서 이것은 일종의 반항이자 반역이라고 했다.[38] 네덜란드어의 영향을 받은 인도네시아어 철자법은 1972년 철자법을 개정하기 이전에는 현재의 'u'를 'oe'로 표기했다. 당시 새로운 철자법이 발효되었다 해도 이름자는 대개 구 철자법에 따라 표기하는 것이 일반적이었다. 이름자를 바꾸기 어려웠기 때문이다. 자료를 검토해 보면 쁘라무디아의 경우는 1972년 이전에도 Pramudya Ananta Toer 혹은 Pramudya Ananta Toer를 사용하였고 『인간의 대지』가 출간되기 직전인 1979년에도 이미 Pramoedya Ananta Toer를 사용하였다. 중요한 것은 1965년부터 영어의 몸이 된 쁘라무디아는 거의 15년 동안 집필 활동을 할 수 없었기 때문에 본인의 이름을 쓸 기회가 전혀 없었다. 말하자면 언론이나 다른 사람에 의하여 이름이 인용되었을 뿐이다. 따라서 우마르 유누스가 이름자 표기를 가지고 반항, 반역을 논하는 것은 아무런 근거가 없는 억지에 불과하다.

우마르 유누스

38 Umar Junus, "Terperangkap dalam Pertentangan Kelas", *Persepsi, Tahun III*, No. 1, 1981. p. 24.

우마르 유누스는 쁘라무디아가 이 소설에서 네덜란드 여왕 빌헬미나에 대한 주인공 밍꺼의 언급을 계급투쟁으로 해석했다. 그는 밍꺼가 식민 통치를 당하는 인도네시아를 상징하며 빌헬미나 여왕은 식민 통치 당사자인 네덜란드라고 하면서 역사는 이미 이러한 투쟁이 피식민국인 인도네시아의 승리로 끝났음을 증명했다고 했다.[39] 우마르 유누스는 이 소설에서 밍꺼의 승리를 피식민자, 즉 억압받는 프롤레타리아 계층의 승리로 본 것이다. 우마르 유누스의 논리대로라면 인도네시아의 독립이 프롤레타리아의 승리라는 것인데 식민 통치와 피식민자를 그러한 프레임으로 설정한 것도 문제이지만 이는 인도네시아의 독립 자체에 대한 불만감으로 비춰질 수도 있다. 우마르 유누스는 민족국가의 전제가 식민 통치를 탈피해야 한다는 것을 간과하였다.

우마르 유누스는 식민 통치 정부 네덜란드인과 식민 통치를 받는 인도네시아인을 대립하는 두 개의 계급으로 보았다. 소설의 초반부에 등장하는 네덜란드의 빌헬미나 여왕과 주인공 밍꺼가 생일은 같으나 서로 다른 계급(class)으로 태어났기 때문에 그 운명이 달라졌다는 논리이다. 그리고 이 소설에 등장하는 인물들은 각자의 계급을 대표하고 있으며(representative figure) 이 소설은 마르크스가 주장한 이데올로기를 추종하고 있다고 하였다. 그리하여 지배 계층을 대표하는 빌헬미나 여왕과 그녀의 추종자들이 프롤레타리아 계층을 대표하는 인도네시아인들을 억압하고 있다는 것이다.[40] 탐욕스러운 식민 통치 정부가 피식민자들을 억압하는 것은 맞는 말이나 이를 마르크스의 계급투쟁으로 인식하는 것은 학자로서의 능력과 양심을 의심받을 수밖에 없다. 그의 주장에 맞는 구석이 있다면 피식민자들의 식민 통치 정부에 대한 저

39 Ibid., p.28.

40 Umar Junus. 1981. "Terperangkap dalam Pertentangan Kelas" p.27.

띠르또 아디수르요

MEDAN-PRIJAJI

s. k. Minggoean dan Advertentie.

SOEARA bagai sekalian Radja-radja, Bangsawan asali dan fikiran, Prijaji dan saudagar Boemipoetra dan officier-officier serta saudagar-saudagar dari bangsa jang terprentah laenja jang dipersamakan dengan Anaknegri, di seloeroeh Hindia Olanda.

Diterbitken tiap-tiap hari Saptoe

oleh N. V. JAV. BOEKH. EN DRUKKERIJ „MEDAN PRIJAJI", BATAVIA

REDACTIE

Redacteur en Vertegenwoordiger boeat Europa.

HARGA LANGGANAN.

HARGA ADVERTENTIE

주간 〈메단 쁘리야이〉

항과 투쟁을 계급투쟁으로 보아야 한다.

우마르 유누스는 인도네시아 역사는 이러한 계급투쟁이 식민 통치를 받던 인도네시아의 승리로 끝났다는 것을 증명했다고 했다. 그는 또한 이것은 쁘라무디아가 자신의 정적들로부터 공격을 받고 어려운 상황에 처한 것은 이러한 승리를 위한 잠시 동안의 패배였을 뿐이라고 하였다.[41] 『인간의 대지』는 '인도네시아 언론의 아버지'로 추앙받는 띠르또 아디수르요(Tirto Adhisoerjo)를 모델로 한 역사소설이다. 띠르또는 1907년에 말레이어로 된 〈메단 쁘리야이(Medan Prijaji)〉라는 신문을 발행했으며 '이슬람상인동맹(Sarekat Dagang Islam)' 등의 조직을 통한 민족주의 운동을 주도한 인물이다. 우마르 유누스가 이 소설의 주인공 밍꺼의 행적을 문제 삼는 것은 네덜란드 식민 통치를 받던 인도네시아의 민족의식 고취를 위하여 기여한 바가 적지 않은 띠르또의 공적을 폄훼하는 것이라고 볼 수 있다.

쁘라무디아가 이 소설 내 인물 관계를 의도적으로 지배자와 피지배자 간의 갈등으로 몰아갔다는 우마르 유누스의 주장도 설득력이 없다. 그는 이 작

41 Umar Junus. 1981. "Terperangkap dalam Pertentangan Kelas" p.28.

품에 등장하는 인물들이 각각의 계층을 대표하며 그들이 속한 계층의 이익을 위하여 행동한다고 하였다. 그리고 그들의 그러한 행동에는 인간애적인 요소가 없다고 했다. 그 예로 냐이(Nyai)가 그의 부모를 다시 만나려고 하지 않고, 주인공 밍꺼는 군수인 아버지를 거부하며, 아넬리스 역시 아버지를 부정하며 아마도 어머니까지 부정할 것이라고 했다.[42] 이와 같은 주장은 쁘라무디아의 작품을 제대로 읽지 않고 선입관이나 구원에 의하여 내놓은 조야한 판단이라고 볼 수밖에 없다.

작중 인물 냐이는 열두 살 때 아버지의 개인적인 욕망에 희생된 인물이다. 사니끔(냐이의 어릴 때 이름)의 아버지 사스뜨로또모는 자신이 회사에서 진급할 목적으로 자신의 딸 사니끔을 네덜란드인 상사 헤르만 멜레마에게 넘긴다. 헤르만 멜레마로부터 서구식 교육을 받고 개화한 냐이가 자신의 아버지의 그러한 행동에 대하여 부정적인 평가를 하는 것은 당연한 일이다. 밍꺼는 군수인 아버지 앞에서 무릎을 꿇고 뒤로 기어 나와야 하는 당시 자바 사회의 봉건적인 관습을 부정하는 것으로 읽혀야 한다. 그리고 아넬리스는 폐인이 되어 사창가를 떠도는 아버지에 대한 반감을 갖는데 10대 소녀의 입장에서 무리한 설정이 아니다. 더욱 중요한 것은 이러한 설정이 쁘라무디아의 인도주의적인 사상에서 나온 것임을 간과한 우마르 유누스의 작품을 접하는 태도이다. 쁘라무디아가 어떠한 사상에도 물들지 않았으며 가장 인도주의 작가였다는 야신의 주장에 귀를 기울였어야 한다.

이어서 우마르 유누스는 쁘라무디아가 이 소설에서 의도적으로 두 계층의 갈등을 조장한다고 분석했다. 권력자, 압제자, 식민 통치자와 그 반대 축에

---

42 Umar Junus. 1981. "Terperangkap dalam Pertentangan Kelas" pp.28-29.

있는 계층이 서로 대립한다고 했다. 이러한 갈등은 첨예하게 대립하여 각자가 자신의 계층을 대리하여 행동하며 결국 각 계급의 대리자라고 했다. 그들의 행동에 인간애는 찾아볼 수 없고 각 계급의 이익을 위하여 투쟁한다는 것이다. 이와 관련하여 이 소설에서 냐이, 밍꺼, 아넬리스가 각각 자신들의 아버지를 부정한다고 했다. 특히 냐이의 아버지 부정은 일말의 죄의식도 없는 당연한 것으로 치부했다고 분석했다.[43] 우마르 유누스는 『인간의 대지』에서 작가 쁘라무디아가 표출하려고 하는 메시지를 제대로 읽지 못했다. 어쩌면 의도적으로 작가의 의도를 왜곡하려고 했을 수 있다.

우마르 유누스의 몽니는 여기서 그치지 않았다. 심지어는 어휘의 사용에 대하여 시비를 걸었는데 이것은 학자가 지양해야 할 억지 추측, 과장 해석이라고 볼 수밖에 없다. 그는 쁘라무디아가 『인간의 대지』에 '드러내다', '대적하다', 그리고 '맏이'의 의미로 'tampilkan'(p.1), 'berlawan'(p. 303), 'sulungnya'(p.141)라는 어휘를 사용하였는데 이것은 'aku menampilkan', 'melawan', 그리고 'anak sulungnya'로 각각 표기했어야 한다고 주장했다. 쁘라무디아의 어휘 사용에 대한 우마르 유누스의 의견은 수용한다 해도 이를 특정한 목적을 가진 의도적인 오류라는 주장은 근거가 없다. 쁘라무디아가 의도적으로 오류를 범했다거나 이 어휘들이 특정한 사상을 가진 것이 아니기 때문이다.

우마르 유누스의 오류의 정점은 쁘라무디아가 작중 인물 다르삼의 수염을 '배와 낫(sekepal dan clurit)'이라고 묘사했는데[44] 이를 공산주의와 공산당, 그리고 공산국가의 상징인 낫과 망치로 단정한 것이다. 우마르 유누스는 'Sekepal'

---

43 위의 책, pp.28-29.

44 *Bumi Manusia.* p.11.

은 'sebuah kapal(한 척의 배)'이다. 그리고 이 배는 '망치'로 읽힐 수 있다. 그래서 '배와 낫'은 사실은 '망치와 낫', 즉 (공산당의 상징인) '낫과 망치'이다."[45] 작품에서 이 대목은 주인공 밍꺼가 친구 로베르트 수우르호프를 따라 아넬리스의 집을 처음 방문하는 장면으로 마두라 출신 집사 디르삼의 인상을 묘사한 것이다. '배'를 '망치'로 이해한 것이 오히려 특정한 목적을 가진 오류가 아닌지 묻고 싶다. 쁘라무디아가 의도적으로 다르삼의 수염을 공산당의 상징으로 묘사했다고 보는 것은 아무런 근거가 없는 비약이다.

우마르 유누스는 이 소설에서 쁘라무디아는 계획적으로 젊은이들을 계급투쟁의 프레임으로 끌어들이고, 쁘라무디아가 지향하는 이데올로기를 위한 투쟁의 도구로 이용했다고 언급했다.[46] 그렇기 때문에 이 소설을 받아들이는 데 조심해야 한다고 했다.[47] 우마르 유누스가 펼친 이와 같은 논지의 약점은 근거가 없다는 것이다. 그리고 피식민 국민들의 식민 통치 정부에 대한 저항을 계급투쟁으로 치부한 것은 이 소설에 대한 이해가 부족한 것으로 돌릴 수밖에 없다. 이 소설이 출간될 때 아담 말릭 당시 부통령이 이 소설을 영화로 제작해야 한다고 말한 것은 이 소설이 담고 있는 식민 통치 세력에 대한 저항의 노력이 돋보이기 때문이었다.

한 비평가의 나약함이 특정 작가나 작품을 나락으로 빠뜨릴 수 있다. 비평가의 객관적인 안목과 예리한 판단력이 요구되는 이유가 여기에 있다. 이를테면 우마르 유누스가 쁘라무디아에 대한 편견이나 구원을 배제하고 객관적인 입장에서 쁘라무이다의 작품을 분석했다면 적어도 수하르토 정부에게 판

---

45 Umar Junus. 1981. "Terperangkap dalam Pertentangan Kelas" p.32.

46 Umar Junus. 1981. "Terperangkap dalam Pertentangan Kelas" p.34.

47 Umar Junus. 1981. "Terperangkap dalam Pertentangan Kelas" p.35.

매 금지의 빌미를 제공했다는 오명은 쓰지 않았을 것이다.

쁘라무디아는 앞에서 언급한 인물들을 통하여 자바 사회의 부정적인 측면을 드러내려고 했다. 자신의 영달을 위하여 딸을 네덜란드 상관에게 바치는 아버지 사스뜨로또모에 대한 사니껌(냐이)이 아버지에게 충성스러운 딸로 그려질 필요는 없다. 사니껌이 어릴 적에는 순종적인 자세로 아버지의 뜻에 따랐지만 큰 농장을 경영하는 기업인으로 성공한 냐이가 자신의 딸 아넬리스에게 "나는 그러한 아버지를 둔 것이 치욕적이다"라고 언급하는 것은 쁘라무디아가 그려내는 여성이 다른 작가의 그것과 변별적인 것임을 보여준다. 자신의 딸에게 그러한 자바의 부정적인 문화가 되풀이되면 안 된다는 것을 가르치고 있다. 이 소설에서 밍꺼가 아버지를 거부하는 장면은 눈에 띄지 않는다.

우마르 유누스는 아마도 밍꺼가 군수인 자신의 아버지 앞을 기어 나오면서 자신은 군수가 되지 않겠다고 맹세한 것을 두고 밍꺼가 아버지를 거부한다고 했을 것이다. 밍꺼는 의술 학교를 다녔기 때문에 원래 군수와는 거리가 멀었다. 그리고 자바의 봉건성의 상징인 군수가 되지 않겠다는 것은 이 작품에서 밍꺼의 역할로 보아 필수적인 스토리 전개이다. 아넬리스 역시 매일 매춘굴에서 소일하는 자신의 아버지 헤르만 멜레마(Herman Mellema)를 받아들이기 어려웠다. 냐이, 밍꺼, 아넬리스의 행적에 관한 쁘라무디아의 묘사는 인도주의에서 연유한다. 자식을 팔아넘기기, 봉건주의적 환경, 그리고 매춘굴에 대한 거부감은 작가의 인도주의적 사상에서 나오기 때문이다. 우마르 유누스를 이를 간과했다.

우마르 유누스는 위에서 언급한 것 이외에도 두 계층 간의 계급투쟁을 드러내기 위하여 쁘라무디아가 이 소설에서 의도적으로 동물을 동원하여 피지배 계급을 상징했다거나,[48] 의도적으로 표준 어법에 맞지 않는 어색한 표현을 선택했다고 했다.[49] 우마르 유누스는 이런 식으로 작품을 해석함으로써 쁘라무디아의 작품이 체제전복적인 계급투쟁의 사상을 담고 있다는 억지 주장을 했다. 우라르 유누스의 이러한 조야한 평론이 쁘라무디아의 작품을 인도네시아 전역에서 판매 금지 조치를 당하는데 기여했을 뿐 아니라 인도네시아 평단의 수준을 한 단계 떨어뜨리는 결과를 낳았다.

쁘라무디아는 한 번도 자신이 공산주의자라고 한 적이 없다. 나아가 자신은 공산주의자가 아니라고 수차례 이야기했다. 그렇다면 쁘라무디아의 행적이나 작품에 표출된 사상으로 그것을 판단해야 하는데 그가 공산주의자라는 것을 증명할 아무런 근거가 없다. 그가 발표한 수많은 작품 안에 공산주의를 찬양하거나 공산주의 사상을 주제로 한 소설은 찾아볼 수 없기 때문이다. 결국 쁘라무디아의 소설을 어떻게 해석하느냐가 중요하다. 앞에서 설명한 바와 같이 한 비평가의 나약함이 특정 작가나 작품을 나락으로 떨어뜨릴 수 있다. 이에 관한 왓슨(C.W. Watson)의 다음과 같은 주장은 시사하는 바가 있다.

왓슨(C.W. Watson) 교수

아는 바와 같이 최근 쁘라무디아의 소설이 체제전복적이라는 이유로 인도네시아에서 판매 금지 조치를 당했다. 이러한 조치에 책임이 있는 사람

---

48 Ibid., p. 31.

49 우마르 유누스는 그 일례로 "Sekilas Mama teringat pada sulungnya."에서 "sulung"을 "anak sulung"으로 표현하지 않을 것을 문제 삼았는데 이는 인도네시아인들이 "anak sulung"을 "sulung"으로 표현한다는 것을 간과한 것이다. Ibid., p. 32. 참조.

들은 무지한 야후(yahoo, 짐승 같은 사람)이지만 그들의 진정한 무지는 최소한 용납될 수 있다. 그러나 그들의 행동에 대한 정당성이 비평가와 학자들이 소설에 부여한 해석과 구성에 기인한다는 점에 유의해야 한다는 점은 상당히 우려스럽다.[50]

위에서 언급한 바와 같은 우마르 유누스 등의 근거 없는 주장이 없었다면 수하르토 정부에서 쁘라무디아의 작품에 대하여 판매 금지 조치를 내리기 어려웠을 수도 있다. 그것은 앞에서 이야기한 바와 같이 『인간의 대지』가 출간되자마자 인도네시아 정부 측 인사들이 긍정적인 반응을 보였기 때문이다. 우마르 유누스의 이러한 평가는 인도네시아의 이른바 순수와 참여의 논쟁에 뿌리를 두고 있다. 계보를 따라 올라가면 우마르 유누스는 순수 문학을 지향하는 작가들 편에 섰던 학자이고 쁘라무디아는 그 반대 지점에 있던 작가이다. 우마르 유누스의 논문은 빗나간 선입관에서 시작했다고 해도 과언이 아니다. 아무튼 한 비평가의 빗나간 선입관과 나약한 분석이 위대한 작가의 작품을 나락으로 떨어뜨리고 말았다.

계급투쟁은 노동자와 자본가의 이해관계에 따른 사회적 분쟁을 사회주의적 시각으로 본 개념이며 핵심 요소는 토지 개혁, 노동자의 정치세력화, 생산 수단의 사회화, 공유 경제 등이다. 마르크스주의에서는 인간 사회가 계급투쟁을 통해 진보한다는 관점을 가지고 있다. 자본주의 사회에서 그 계급투쟁은 지배 계급인 부르주아와 피지배계급인 프롤레타리아 사이의 투쟁으로써 나타난다. 부르주아와 프롤레타리아를 가르는 기준은 생산 수단의 통제

50 C.W. Watson. 1983. "Pramoedya Ananta Toer's Short Stories: An Anti-PostStructuralist Account," kertas kerja Fourth European Colloquim on Malay and Indonesian Studies, Leiden, 30 Mei - 2 Juni, hlm. 2.

여부다. 생산 수단은 부르주아에 의해 통제되며, 프롤레타리아는 부르주아에게 자신의 노동력을 판매하고 그 대가로 임금을 받는 임노동자로 부려진다. 소위 사적 유물론이라는 비판 이론을 기반으로 마르크스는 과거의 사회경제 체제들이 그러했듯 자본주의 체제 역시 내재된 결함으로 내부적 긴장이 발생할 것이며 자본주의 체제는 그 긴장에 의해 자멸하고 사회주의 체제라는 새로운 체제로 대체될 것이라 예측했다. 자본주의 체제는 이런 불안정성과 위기취약성을 내재하고 있기 때문에 계급 적대가 발생하고, 노동자들이 계급 의식을 가지게 된다. 의식화된 노동자들은 정치 권력을 쟁취하고, 마침내 계급이 아예 존재하지 않는, 자유로운 생산자들의 연합체로 구성된 공산주의 사회를 이룩할 것이라는 것이 마르크스주의의 골자다.[51]

이와 같은 계급투쟁의 개념에 비추어보면 『인간의 대지』에서 등장인물 밍꺼 등의 네덜란드 식민 통치 정부에 대한 저항은 계급투쟁과 관계가 없는 것임을 알 수 있다. 그들의 저항과 투쟁은 노동자들의 정치권력 쟁취가 목표가 아니기 때문이다. 작품 내에서 그들의 식민 통치 정부에 대한 저항과 투쟁의 최종 목표는 인도네시아의 독립이며 그 과정에서 민족의식을 고취하기 위한 것이다. 따라서 이러한 토착인들의 노력을 계급투쟁으로 인식한 [52]것은 아쉬운 분석이라고 볼 수 있다.

쁘라무디아는 자신이 마르크스·레닌주의에 관심을 가져본 적이 없다고

---

51 마르크스의 사회경제정치이론을 집합적으로 마르크스주의라 한다. 이에 대하여는, Karl Kautsky, 1910, *The Class Struggle, Chicago:Charles H. Kein Karl Kautsky*, 1964, *The Dictatorship of the Proletariat,Ann Arbor: The Universityof Michigan Press*; *F. Oppenheimer*, 1907, *Der Statu*; *L.V. Stein*, 1845-46,*Der Sozialismus and Kommunismus desHeitugen frankreichs*; *K. Marx und Engels*, 1848, *Manifest derKommunistischen Partei*; *K.Marx*, 1947, *The German Ideology, New York: International Publishers*; *K.Marx, n.d.. The Class Struggle in France, New York: InternationalPublishers.*등을 참조.

52 H. B. Jassin, 1985, *Kesusastraan Indonesia dalam Kritik dan Esei II*. p. 121.

야신(H.B Jassin)

렌드라(W. S. Rendra)

하였다.[53] 야신(H.B Jassin)은 일찍이 쁘라무디아가 인도주의 이외에 어떠한 이즘에 빠져본 적이 없으며, 『인간의 대지』에 계급투쟁의 사상이 없다고 하였다. 야신은 쁘라무디아의 소설이 『투사가족』에서 표출된 바와 같은 억압 받는 사람들에 대한 이야기이며 그 주제는 정의와 진리에 관한 것이라고 하였다.[54] 같은 사안에 대하여 프랜시스 킹도 다음과 같은 의견을 내놓았다.

> 생각을 자극하는 쁘라무디아의 작품을 읽고 그것을 통해 인도네시아 문화와 역사에 대해 더 많이 알게 된 많은 사람들은 쁘라무디아가 '전복적'이기는커녕 실제로 독립 이후 인도네시아의 문화유산과 역사에 많은 기여를 했다고 믿는다.[55]

렌드라(W. S. Rendra)도 쁘라무디아의 『인간의 대지』에 계급투쟁의 사상이 존재하지 않는다고 말했다. 그는 이 작품 안에 토착인과 식민 통치자 간의 갈

---

53 "Cintailah Kebenaran Itu," *Dialog*, No. 69,(1981. 6. 26), p.20를 참조.

54 *Mingguan Malaysia*. (1980. 11. 16). 야신은 1991년 6월 18일과 1993년 5월 25일 필자와의 대담에서도 같은 맥락의 주장을 했다.

55 1988년 10월 7일 당시 국제 펜클럽 의장이었던 프랜시스 킹이 인도네시아 대통령에게 보내는 탄원서 참조.

등이 있다고 했다. 그리고 공산주의자가 아닌 사람은 억압받는 계층과 가난한 계층을 비호하면 안 되는지 물었다.[56] 에까 꾸르니아완(Eka Kurniawan) 역시 쁘라무디아가 인간의 존엄을 위협하는 모든 대상에 대하여 그의 독자적인 언어 및 행동으로 저항했다고 했다. 그는 쁘라무디아가 '인간의 대지 4부작'에서는 식민 통치자의 탐욕에 대한 저항 의식을, 『가디스 빤따이』와 『금니를 한 어여쁜 미다』에서는 여성을 지위를 침해하는 가부장제에 대한 안타까움을 표출했다고 했다.[57]

에까 꾸르니아완(Eka Kurniawan)

국가 발전에 있어서 문학의 역할이 있다고 믿는 쁘라무디아가 사회의 변화 과정에서 발생하는 갈등을 작품에서 표출하는 것은 당연한 일이다. 그는

『가디스 빤따이』 영역본 표지

『금니를 한 어여쁜 미다』 표지

56 Rendra. 1981. "Si Nyai yang Bikin Heboh". p.31-32.

57 Eka Kurniawan, 2006, *Pramoedya Ananta Toer dan Sastra Realisme Sosialis*, p.180.

억압받는 자의 입장에서 억압하는 자의 불의와 부당성을 지적한다. 만약 시대의 변화에 대한 쁘라무디아의 반응을 주시하지 않은 채 그의 작품을 평가하려 한다면 그 평가는 실패할 수밖에 없을 것이다. 그것은 쁘라무디아의 작품의 깊이와 위대함이 그곳에 있기 때문이다.

2) 국민문화동맹(Lekra)과 쁘라무디아

국민문화동맹(이하 레끄라)은 1950년 8월 17일 다르따(A.S. Dharta), 아사르(M.S. Ashar), 헹크 안뚱(Henk Ngantung), 아르주나(Arjuna), 유바아르 아윱(Joebaar Ajoeb), 수다르노또(Sudharnoto), 그리고 뇨또(Njoto) 등의 주도로 설립되었다. 설립 10여 일 전인 그해 8월 5일부터 7일까지 자카르타에서 "민족 문화와 외부의 영향"이라는 주제로 문화 포럼이 열렸다. 이 포럼에서 수딴 딱디르 알리샤바나(Sutan Takdir Alisjahbana), 끼 하자르 데완따라(Ki Hadjar Dewantara), 그리고 뜨리스노 수마르조(Trisno Sumardjo)가 발제하였다. 수딴 딱디르 알리샤바나는 인도네시아 민족 문화를 형성하는 데 있어서 네덜란드 문화의 수용을 주장하였다. 끼 하자르 데완따라와 뜨리스노 수마르조는 수딴 딱디르 알리샤바

유바아르 아윱(Joebaar Ajoeb)과
수딴 딱디르 알리샤바나(Sutan Takdir Alisjahbana)

나와 반대 입장을 취했다. 이것은 1949년에 네덜란드가 인도네시아에서 완전히 철수한 직후 인도네시아 사람들이 민족 문화 형성에 관한 관심이 컸다는 것을 반증한다. 결국 이와 같은 논의는 국민문화동맹의 설립 및 그들의 지향점에 영향을 주게 되었다.[58]

당시 신생 독립국인 인도네시아에서 문화 예술은 중요한 지위에 있었다. 문화 예술이 대중의 관심을 끌고 대중에게 영향을 줄 수 있었기 때문이다. 그래서 수많은 정당들이 문화 예술의 방향성 정립의 문제로 격돌하였다. 당시 인도네시아민족당(PNI)은 민족문화동맹(LKN), 이슬람 단체인 나흐들라뚤 울라마(NU)는 인도네시아무슬림문화예술동맹(Lesbumi), 그리고 인도네시아당(Partindo)는 문화예술동맹(LSB)를 산하에 두고 있었다. 이와 같은 맥락에서 본다면 국민문화동맹은 인도네시아공산당(PKI)의 산하 기관이었다고 주장할 수도 있다. 하지만 국민문화동맹이 공식적으로 당의 산하 기관은 아니었다.

국민문화동맹의 사무총장을 역임한 유바아르 아욥은 "국민문화동맹은 민족주의 성격을 지닌 민중 지향적인 국민 문화 운동 기구였으며, 국민문화동맹 구성원 중의 일부가 인도네시아공산당의 당원이었지만 대다수는 아니었다. 두 기관이 서로 협력하기도 하고 갈등을 빚기도 했다."고 했다.[59] 그리고 "1950년 국민문화동맹의 창립 선언문(Mukadimah) 그 어디에도 이 문화 운동이 계급투쟁 혹은 마르크스·레닌주의에 근거한다는 언급이 없다."라고 하면서 국민문화동맹의 사상적 배경을 분명히 했다.[60] 국민문화동맹이 당시 많

---

58 레끄라의 설립, 발전, 그리고 쁘라무디아외의 관계에 대하여 Martina Heinschke. 1996. "Between Gelanggang and Lekra: Pramoedya's Developing Literary Concepts", *Indonesia*, No.61, Koh Young Hun. 2011. *Pramoedya Menggugat: Melacak Jejak Indonesia. Gramedia*. pp. 55-66., *Joebaar Ajoeb*. 1990. *Sebuah Mocopat Kebudayaan Indonesia. Mimeograph*. 등을 참고.

59 Koh Young Hun., Op. Cit. pp.56-57에서 재인용.

60 Joebaar Ajoeb, 1990, "Sebuah Mocopat Kebudayaan Indonesia", Mimeograph, p.5.

은 국민들의 지지를 받은 점도 주목해야 한다. 초대 수카르노 대통령은 민족주의 진영·종교(이슬람)·공산주의 등 3대 세력을 통합해 국정을 운영하는 '나사콤(Nasakom) 체제'를 도입하였다. 1965년 공산당이 사주한 쿠데타인 9·30 사태가 발생하기 전 인도네시아공산당은 합법적인 하나의 정당이었다. 이와 같은 배경에서 국민문화동맹을 1950년대 인도네시아의 진보적인 문화 운동을 지향한 조직으로 규정하는 것이 옳다.

적어도 1957년 이전까지 쁘라무디아는 국민문화동맹과 특별한 관계에 있지 않았다. 사실 쁘라무디아는 1949년 12월 출소 후 순수 문학을 주창하는 그룹인 글랑강 작가 그룹에 참여했다. 그보다 훨씬 이전에 쁘라무디아가 따만 시스와에서 공부할 때 아스룰 사니와 이미 알고 지냈고 하이릴 안와르의 혁명적인 시에 매료되었었지만 글랑강 그룹과는 접점이 없었다. 그러던 그가 글랑강 그룹과 접촉하게 되는 것은 공산주의를 반대하는 철저한 민족주의에 대한 확신이 있었기 때문이었다. 특히 1948년 9월 18일 동부 자바 마디운에서 발생한 공산당의 반란은 그를 더욱 철저한 반공주의자로 만들었다.[61] 게다가 당시 저명한 비평가로서 쁘라무디아에게도 도움을 주었던 야신 교수가 이 글랑강 그룹에 참여하고 있었던 것도 그를 움직인 요인이 되었다. 쁘라무디아는 서너달 동안 이 그룹의 총무 일을 맡기도 했다.[62]

전술한 바와 같이 쁘라무디아는 1956년 중국문인협회의 초청으로 북경을 방문하여 국가의 발전에 국민의 역할이 중요함을 인지하였다. 그 후 쁘라무디아는 인도네시아 발전에 문학이 하나의 역할을 해야 한다고 생각했다. 중

---

61 이에 대하여는 Pramoedya, "Djembatan Gantung dan Konsepsi Presiden" (*Harian Rakyat*, *Feb.* 28, 1957)을 참조.

62 Martina Heinschke, 1996, "Between Gelanggang and KEKRA: Pramoedya's Developing Literary Concepts", *Indonesia*, *no.*61, p.149.

국에서 돌아온 후 그는 문화예술인들과 함께 수카르노 대통령을 예방하고 수카르노의 '교도민주주의' 지지를 선언하였다. 여기에는 헹크 안뚱이나 꼬꿋 수까르디와 같은 국민문화동맹 회원도 있었지만 국민문화동맹과 관련이 없는 사람도 많았다.[63]

1957년 3월 24일 쁘라무디아는 국민문화동맹 반둥 지부 창립 5주년 기념식에 초청을 받고 '인도네시아 문화 예술의 방향: 대통령의 구상 실현'이라는 주제로 강연하였다. 1958년 쁘라무디아는 막심 고리키의 『어머니』를 인도네시아어로 번역하였다. 번역 후 쁘라무디아가 제시한 출간 조건을 들어준 곳이 친 국민문화동맹 성향의 개혁재단(Yayasan Pembaruan)이었다.[64] 국민문화동맹 측에서도 이 책의 출간을 계기로 쁘라무디아와의 연결점을 찾으려고 했다. 국민문화동맹은 1959년 1월 24일 솔로에서 열린 제1차 국민문화동맹 전국대회에 쁘라무디아를 초청했다. 여기에서 쁘라무디아는 국민문화동맹 중앙위원회 위원으로 이름을 올렸다.

막심 고르키의 『어머니』 번역본

앞에서 말한 바와 같이 쁘라무디아는 사회주의 리얼리즘을 창조한 막심 고르키의 『어머니』(Ibunda)를 번역하였다. 그리고 1963년 1월 26일

---

63 이에 대하여 포울처(Keith Foulcher)는 "당시 대표단에는 아입 로시디나 쁘라무디아와 같이 국민문화동맹 회원이 아닌 사람도 있었다."라고 했다.(Keith Foulcher, 1986, *Social Commitment in Literature and the Arts*, p. 33 참조)

64 당시 생활고에 시달리던 쁘라무디아는 본인이 번역한 이 책의 출간 조건으로 선불을 요구했으나 대부분의 출판사들이 난색을 표했으나 개혁재단(Yayasan Pembaruan)이 그의 요구를 들어주고 책을 출간했다. 이때 쁘라무디아는 작가의 어려움을 이해해주는 이 출판사의 배려를 높이 평가했다. (Koh Young Hun., Op. Cit. pp.62-62에서 재인용.)

국립 인도네시아대학에서 "사회주의 리얼리즘과 인도네시아 문학"이라는 논문을 발표하였다. 인도네시아에 처음으로 사회주의 리얼리즘의 이론적 토대를 소개했다고 볼 수 있다. 유바아르 아욥은 당시 국민문화동맹 측이 사회주의 리얼리즘을 자신들의 독트린으로 내세운 적이 없다고 했다.[65] 따라서 쁘라무디아와 국민문화동맹 간의 연결 고리를 사회주의 리얼리즘과 연결하는 것은 무리가 있다. 시대에 따라 이러한 조류의 공과가 있을 수밖에 없다. 350년이라는 긴 식민 통치 상황을 벗어난 인도네시아의 발전에 문학의 역할을 부여하고 싶었던 쁘라무디아에게 새로운 사회의 건설과 그 과정을 적극적으로 형상화하는 것을 골자로 하는 사회주의 리얼리즘이 관심을 끌게 된 것이었다.

쁘라무디아가 인도네시아공산당의 당원이라거나 국민문화동맹에서 중요한 역할을 했다는 주장은 옳지 않다. 쁘라무디아가 인도네시아공산당 당원이었다는 증거는 없으며 본인도 그 사실을 부인했다. 쁘라무디아가 공산당이 비호하는 〈빈땅 띠무르〉지의 문화면 책임자였다는 것을 확대 해석할 필요는 없다. 문인으로서 특정 언론의 문화면을 맡는다는 것은 자연스러운 일이기 때문이다. 쁘라무디아는 이러한 기회를 오히려 참여 문학을 지향하는 자신의 소신을 펴는 기회로 삼았다. 국민문화동맹과 쁘라무디아와의 관계는 어떤가? 쁘라무디아가 국민문화동맹을 통하여 개인적인 이익을 취하였다는 것은 근거가 없다. 오히려 국민문화동맹 측에서 당시 쁘라무디아의 명성을 활용하여 자신들의 영향력 확대를 꾀하였다고 보는 것이 옳다.

---

65 Joebaar Ajoeb. Op. Cit., pp.35-36.

II

주옥같은 단편들

뻐라무디아는 중부 자바의 블로라 출신이다.[1] 뻐라무디아가 열일곱 살까지 살았던 블로라 지역은 그에게는 창작의 원천이다. 어린 시절 블로라에 살면서 겪었던 다양한 경험이 그의 소설에 녹아들어 있다. 블로라는 원래 자연자원이 풍부한 지역이었다. 특히 나왕이나 마호가니 같은 고급 목재가 풍부하였다. 그러다 보니 오히려 식민 통치 정부의 수탈이 심했던 지역이기도 했다. 이로 인하여 주민들의 삶은 식민 통치 시대에 다른 어느 지역보다 피폐했다. 민족주의 운동에 실망한 아버지가 가정을 돌보지 않게 되자 어머니와 함께 힘들게 생계를 꾸려가야 했고 그 배경이 된 블로라는 뻐라무디아의 작품세계에서 중요한 몫을 차지한다.

뻐라무디아의 창작 활동을 굳이 둘로 나눈다면 그것은 노신 서거 20주년을 맞이하여 중국문인협회 초청으로 중국을 방문하는 1956년 이전과 이후로 나누는 보는 것이 합당하다. 중국 방문을 통하여 국가 발전에서 국민과 문화예술의 역할을 목도한 뻐라무디아는 귀국 후 국가와 사회의 발전에 관심을 기울이며 이와 관련된 글을 썼다. 이 시점부터 적어도 인간의 대지 4부작이 출간되기 이전까지 그가 발표한 소설은 없다.

---

1 뻐라무디아가 어린 시절 살던 집은 Jalan Sumbawa Nomor 40, Kelurahan Jetis, Kecamatan Blora, Kabupaten Blora, Jawa Tengah에 위치해 있으며 그가 세 살 되던 해에 이 집으로 옮겨와서 살았다.

뻐라무디아의 전반기 창작 활동은 그의 고향 블로라를 배경으로 한 소설과 1942년 자카르타로 거처를 옮긴 후 네덜란드 식민 통치 정부에 대한 저항 운동으로 인한 투옥, 그리고 1965년 '9·30사태'로 영어의 몸이 되기 이전까지 발표된 작품을 아우른다. 뻐라무디아는 1942년과 1946년에 『마자빠힛 왕조의 몰락』과 『10인의 네덜란드령 동인도 민정관』이라는 소설을 썼지만 안타깝게도 원고가 소실되어 그 내용을 알 수 없다. 따라서 지금으로서는 1947년에 발표한 『끄란지 버까시 함락』이 그가 발표한 최초의 소설이다.

뻐라무디아가 1952년에 발표한 단편집 『블로라 이야기(Cerita Dari Blora)』에 수록된 열 한 편의 단편은 그가 성장한 블로라 지역의 당대 문화를 엿볼 수 있는 소중한 자료이기도 하다. 이 단편집에는 「사라진 것들」, 「자신을 임대하는 자」, 「이놈」, 「할례」, 「그 후 그가 태어나다」, 「찾을 수 없는 도주」, 「희망 없는 삶」, 「결혼선물」, 「사생아」, 「양보하는 자」, 그리고 「검은 것」 등 주옥같은 단편들이 실려 있다. 이 중에서 몇몇 단편의 내용을 살펴보고 작품이 주는 메시지를 분석해 본다.

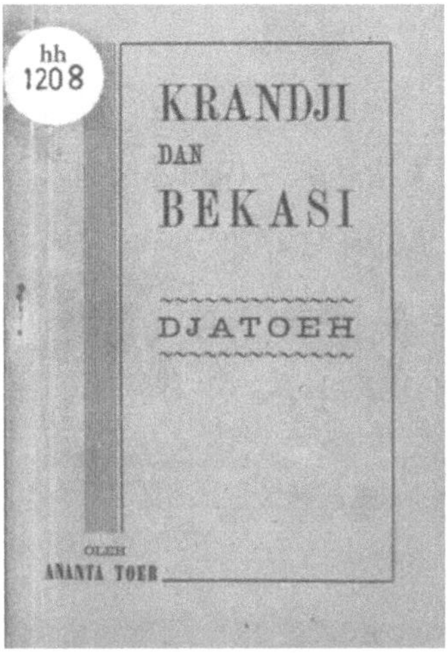

『끄란지 버까시 함락』 표지

『블로라 이야기』 표지

1 / 「이늠」 – 자바 사회의 조혼

「이늠(Inem)」은 당시 자바 사회의 조혼의 풍습과 여성의 지위, 그리고 이에 대한 작가의 인식을 엿볼 수 있는 단편이다. 여덟 살인 주인공 이늠을 그보다 어린 묵(Muk)의 시선으로 관찰하는 작품이다. 이늠의 집은 매우 가난하다. 그의 어머니는 인도네시아 전통 의복 바 을 만들며 겨우겨우 생계를 이어가고 있고, 그의 아버지는 노름꾼으로 집을 나가 거의 들어오지 않았다. 이늠은 이 작품의 화자인, '나', 즉, 묵의 집에서 얹혀 살고 있다. 그녀는 묵과 묵의 동생을 돌보아주고 집안일을 도와준다. 어느 날 그녀는 부모와 친척 어른들의 결정에 따라 결혼을 하게 되었다. 상대는 부잣집 아들인 마르까반이었다. 이늠의 어머니가 그녀를 데리러 묵의 집에 왔을 때 묵의 어머니는 이늠은 결혼하기엔 너무 어리다며 결혼을 말렸다. 그러나 이늠의 어머니는 가난하기 때문에 빨리 결혼을 시켜야 한다고 주장했다. 그래야 신랑이 가져오는 결혼 예물을 받을 수 있기 때문이다. 그렇게 여덟 살의 이늠은 열일곱 살의 마르까반과 결혼식을 치렀다. 그 후 이늠의 집에선 밤마다 그녀의 울음소리가 들렸다. 어느 날 그녀는 묵의 어머니를 찾아와 자신을 다시 받아 달라고 호소했다. 하지만 묵의 어머니는 남편에게 복종하라며 그녀를 다시 돌려보냈다. 그리고 일 년 뒤 다시 이늠은 묵의 집을 찾아왔다. 그녀는 남편과 이혼을 했고, 다시 받아 달라고 부탁했다. 그러나 묵의 어머니는 동네 사람들의 시선과 체면 때문에 이늠을 받아 줄 수 없다고 거절했다. 그 후 이늠은 묵의 집을 다시는 찾아오지 않았고, 이혼녀라는 이유로 주변 사람들에게 비난을 받고 학대를 받았다. 작품의 마지막 부분에서 묵은 이늠이 주변 사람들에게 맞는 소리를 듣게 되고, 귀를 막아버린다.

이 작품은 이늠이라는 여덟 살 소녀의 아픔을 그보다 두 살 아래인 화자 '나'의 눈을 통하여 간결하고 애절하게 그려내고 있다. 우리나라 황순원의 「소나기」를 연상시킬 만큼 서정적인 작품이다. 여덟 살 소녀 이늠은 '입을 하나라도 덜 요량으로' '나'의 집에 가정부 겸 수양딸로 들어왔지만 이늠의 부모는 그녀를 혼인시킨 후에 얻게 될 이익 때문에 열일곱 살인 마르까반에게 시집을 보낸다. 저간의 사정을 모르고 시집간다는 말에 들떠 있던 이늠과 시집간 후 밤마다 남편에게 시달리는 그녀의 울음소리가 깊은 대조를 이룬다. 『인간의 대지』에서 네덜란드인에게 팔려간 냐이가 어려움을 이기고 거대한 식민 통치 세력에 저항하는 인물로 성장하는 것처럼 이늠 역시 결국 자신을 학대하는 남편을 떨쳐버린다.

단편 「이늠」은 당대의 사회상을 잘 반영하고 있다. 이 작품은 생활고를 탈피해 보려는 수단으로 어린 소녀를 결혼시킬 수밖에 없는 사회상, 즉 작중 인물 이늠이 겪는 고통은 시대 상황의 부산물임을 잘 묘사하고 있다. 쁘라무디아는 문학 작품과 현실 반영 관계에 대하여 현실이라는 '상위 진실'이 작가의 상상력과 창작 과정을 통하여 작품이라는 '하위 진실'로 변화하며, 문학 텍스트를 읽는다는 것은 바로 이러한 작가의 상상력과 하위 진실을 읽는 것이라고 하였다. 이 작품의 배경이 되는 1950년대 초는 인도네시아가 식민 통치국의 수탈에서 갓 벗어난 시기이다. 쁘라무디아의 기억에 의하면 식민 통치의 황폐함으로 인하여 이 지역에서는 푼돈을 받고 청부 살인을 하는 경우도 있었다고 한다.

이 짧은 단편을 통하여 우리는 인도네시아의 풍습이나 생활상을 엿볼 수 있다. 조혼의 풍습, 입담배 '시리(sirih)'를 즐기는 모습, 신랑의 발을 씻어준다거나 잔칫날 그림자극을 공연하고 춤판을 벌이는 전통 혼례의 풍경 등이 그렇다. 또한 평소에 남편에게 복종하는 것을 미덕으로 삼는다거나, 체면을 중시하는 의식 등은 인도네시아 관료 문화의 폐습을 짐작케 한다. 이 작품에서 작가가 비판하고자 하는 것 중 하나도 관료 문화다. 쓸데없이 체면을 중시하는 자바의 부정적인 문화에 대한 작가의 반응이 두드러지는 작품이다.

2 / 「양보하는 자」 – 희생과 수용

「양보하는 자(Dia Yang Menyerah)」는 열 한 살 된 주인공 스리(Sri)가 일본군의 주둔으로 들이닥친 가정의 변화를 수용하면서 자신이 모든 것을 양보하는 이야기이다. 이 작품에서도 역시 사회, 도덕적인 요소가 강하게 드러나 있으며 역사적인 사건의 희생자로서 일가족이 붕괴되는 과정을 그리고 있다. 하지만 이 가족은 완전히 붕괴되는 것을 면하게 되는데 그것은 주인공 스리와 그의 동생 디아(Diah)가 재난의 소용돌이 속에서 하나밖에 남지 않은 무기 즉 '자신을 희생하고 모든 상황을 수용'함으로써 가능했다.

주인공 스리는 일본군의 진주로 말미암아 다른 가족의 이익을 위하여 자기 자신이 학교를 그만두어야 한다고 생각하고 이를 실행에 옮긴다. 일본군 치하에서 동생을 돌본다거나 가족의 생계를 위하여 일을 한다는 이유로 학교를 그만둔다. 자신의 이익을 포기하고 시대의 흐름에 무관한 태도를 보이는 것이 결국 자신과 그녀의 가족을 살아남게 만든다고 믿는다. 이에 반하여 스리의 언니 이스(Is)는 자신의 정치적인 신념을 따라 정치 집단 '인도네시아 사회주의 청년단(Pemuda Sosialis Indonesia)'에 가담하여 활동한다. 이스의 이러한 활동은 가정을 꾸려나가는 동생 스리의 희생 없이는 불가능한 일이다.

인도네시아인들이 중요시하는 가치 중의 하나는 개인의 이익보다는 사회 국가 등 공동체의 이익을 더 중요시하는 것이다. 그들이 사회를 지탱하는 가치로써 '자신의 이익을 구하지 않기(sepi ing pamrih)'를 중요시하는 이유는 이것을 지키지 않을 경우 융화가 깨져 사회 혼란을 야기시킬 수 있는 여지가 있고, 동시에 자신을 내적으로 약하게 만드는 속성이 있다고 믿기 때문이다. '빰리(pamrih, 자신의 이익)'란 사회의 질서에 대한 고려를 무시하고 자신을 무리하게 정당화시키려는 속성이 있다. 빰리(pamrih)의 근원은 '항상 일인자가 되려는 욕구(nepsu menange dhewe)', '자신만이 항상 옳다는 생각(nepsu benere dhewe)', 그리고 '자신이 필요한 것에만 관심 표명(nepsu butuhe dhewe)'인데 이들은 상호 연관성이 있는 인간의 개인적 욕구이다.[2] 사회 내에서 갈등이란 대개 이러한 자신의 이익을 서로 앞세우기 때문에 발생한다. 따라서 인도네시아인들은 이것을 방지하는 방법으로서 항상 자신의 이익을 앞세우지 아니하며 필요하다면 공동체의 융화와 이익을 위하여 자신의 이익을 포기하는 것이 옳다고 믿는다.[3] 앤더슨(Ben Anderson)은 인도네시아 전통 사회에서 권력을 가진 자를 위협할 수 있는 것은 그의 가시적인 적(敵)이 아닌 '빰리'라고 여겨 그들이 개인의 이익을 앞세우는 것을 금기시한다고 하였다.[4]

자바(Java) 사회에서 상황을 수용한다는 것은 도덕이나 감성의 나약함을 의미하는 것이 아니고 오히려 도덕이나 인간애를 손상하지 않고 생존하는 하나의 방법이다. 작품의 말미에 스리는 네 명의 동생들에게 이러한 상황 수용이 도덕의 범위 내에서 삶을 계속하는 유일한 방법임을 다음과 같이 설명하

---

2 Soetrisno, *Falsafah Hidup Pancasila Sebagaimana Tercermin Dalam Falsafah Orang Jawa*(*Yogyakarta*: *Pandawa*), p.26.

3 Franz M. Suseno, *op.cit*, p.40.

4 Benedict R. Anderson, *Language and Power* (*Ithaca*: *Cornell University Press*, 1990), p.51.

고 있다.

> "우리가 이 세상에 없다고 여기자. 그렇게 생각하면 모든 것이 잘풀릴 거야. 악한은 계속 악한으로 남게 내버려 두어라. 선한 사람은 계속 선한 사람으로 남고. 우리 다섯 형제는 상황을 그대로 받아들이자. 그래, 우리는 그렇게 하는 것이 좋아. 저항해 보았자 소용이 없어."(『블로라 이야기』: 228).

이와 같이 인도네시아인들은 집단을 구성하는 한 개체로서 균형과 안정을 찾으려고 노력하며 그러기 위해서는 집단의 이익을 먼저 고려해야 한다고 믿는다. 이로써 개체의 선택을 허용치 않으려 하며 이보다는 집단의 동질성을 공유하는 집단적 분위기를 선호한다. 14세기에 음뿌 딴뚤라르(Mpu Tantular)가 수따소마(Sutasoma)에 기록한 바 있는 '다양성 속의 통일(Bhinneka Tunggal Ika)'이라는 인도네시아인들의 통합 철학도 결과적으로는 종교 문화적으로 다양한 이 지역의 다양성을 인정하면서도 공동체의 존재를 우선적으로 고려함으로써 여기에서 유발될 수 있는 갈등을 극소화시키는 방편으로 유용하다.

이 단편에는 수많은 갈등 구조가 드러난다. 이념적인 갈등은 공화국의 경찰관인 뚜끼잔(Tukidjan)과 민간인으로서 정치 운동가인 수모(Sumo)의 갈등이 두드러진다. 그리고 한 가족 안에서 사회주의자인 이스와 민족주의자인 다른 가족 구성원들이 함께 존재하는 상황도 이색적이다. 특히 이스와 스리 사이에 나타나는 갈등은 정치적인 상황과 그렇지 않은 것의 갈등인데 결과적으로는 후자가 승자로 묘사된다. 이것은 자바 사회에서 중요시하는 문화적인 가치, 즉 자신의 이익을 구하지 않고 양보가 우선이라는 작가의 메시지가 드러난다.

3 / 「할례」 – 신앙의 허와 실

세계에서 무슬림 인구수가 가장 많은 인도네시아에서 종교에 대한 담화는 간단치 않다. 인도네시아 문학에서 이슬람에 대한 찬양과 선교를 독려하는 내용이 당연시되며 그 반대는 허용되지 않았다. 인도네시아 문단을 뒤돌아 보면 몇 가지 특징을 가릴 수 있는데 그 중 하나가 정치와 종교에 관한 문제를 다루지 않는다는 것이었다. 정치적인 주제를 금기시한 것은 식민 통치 정부의 영향이다. 문학에서 정치적인 문제를 다루게 된다면 곧바로 독립의 문제로 연결될 것이기 때문이다. 종교적인 주제를 문학에서 자유롭게 다룰 수 있었다면 부정적인 측면도 대두되었을 것이며 이는 이슬람의 입장에서는 피하고 싶은 문제이다.

최근에는 신앙의 문제를 들고 나오는 작가들이 많아졌다. 신따 유디시아(Sinta Yudisia), 벤 소힙(Ben Sohib)과 같은 작가들은 이슬람의 신앙을 주제로 좋은 글을 쓰고 있는 작가 군에 속한다.[5] 하지만 그들의 담화는 어디까지나 이슬람에 대한 작중 인물의 그릇된 인식을 묘사함으로써 올바른 신앙에 이르게 하는 통로를 자처하는 정도이다. 이와 비교하여 쁘라무디아가 1950년 3월에 탈고한 「할례」에서 표출하고자 하는 것은 결이 다르다. 쁘라무디아는 이 단편을 통하여 무슬림의 신앙심의 문제를 화두로 던지고 있다. 할례는 진정한 무슬림이 되는 중요한 통과 의례인데 어찌 보면 할례무용론을 화두로

5 이와 관련된 작품으로 신따 유디시아의 「마이너스 희사」(Sedekah Minus, *Ruangsastra*, 2012), 벤 소힙의 「나스룰 마르하반의 죽음과 추도에 관한 이야기」(*Bgaimana Nasrul Marhaban Mati dan Dikenang, Koran Tempo*, 2014) 등이 있다.

던졌다고 해도 과언이 아니다. 쁘라무디아가 이러한 문제를 어른이 아닌 어린 아이의 눈으로 보게 한 것은 나름대로 이슬람 계층의 비난을 피하기 위한 포석이라고 볼 수 있다.

「할례」의 주인공 '나'는 아홉 살이고 초등학교 4학년이다. 원래 이름은 '마묵(Mamuk)'이다. 그가 사원에 가는 것은 외견상으로는 기도하고 신앙심을 키우는 것이 목적이지만 실제로는 같은 나이 또래의 아이들과 장난치고 노는 것이 좋아서이다. 어느 날 그는 신앙심이 깊은 진정한 무슬림이 돼 보겠다고 결심했다. 그는 진정한 무슬림이 되기 위해서는 우선 할례를 받아야 한다고 생각했다. 그는 어린 아들이 용감하게 할례를 받으려한다는 것을 대견해하는 자신의 아버지 반응에 기뻤다. 그는 진정한 무슬림이 되고 동시에 진정한 자바인이 되며, 다음 세상에서 어여쁜 여인이 자신을 기다릴 것이라는 희망을 품었다. 그는 그의 초등학교 2학년인 동생 따또(Tato)와 함께 할례를 받게 되었다. 아버지는 자식들의 할례 의식을 정성스럽게 준비했다. 할례 의식 전날 밤에는 극단을 초청하여 '잃어버린 염소'라는 연극 공연을 했다.

할례 의식 당일 주인공 '나'는 마을 사람들의 관심을 받으며 할례를 받았다. 두려움과 물리적인 고통이 따랐지만 그것은 진정한 무슬림이 되기 위한 과정이었으므로 잘 참아냈다. 할례 의식이 끝나고 그의 어머니가 무슬림으로서 신앙심이 달라진 것을 느끼는지 물었다. 그는 자신에게 아무런 변화가 없음을 알고 놀랐다. 그때 그의 어머니가 진정한 변화를 위해서는 성지 순례를 해야 한다는 말을 듣고 '나'는 충격을 받았다. 성지 순례는 많은 비용이 들기 때문에 시골에 사는 가난한 '나'에게는 불가능한 일이었고 그것은 내가 진정한 무슬림이 되기 어렵다는 것을 의미하기 때문이었다. 작품의 마지막 부분에서 그것을 확인할 수 있다.

"아버지는 왜 성지 순례를 하지 않았어요, 어머니" 내가 물었다. "아버지가 가난하기 때문이지, 묵." 우리는 부자가 되고 싶은 마음은 있지만 그렇게 되리라는 믿음은 없다. 통증이 가신 후 진정한 무슬림이 되겠다는 생각도 사라졌다. 가난이 우리 마음에서 희망을 앗아 갔다. 시간이 지나면서 나와 따또는 동네의 여느 아이들과 같아졌다 - 가지고 있는 모든 것을 가난이 빼앗아 갔다.[6]

쁘라무디아의 작품에서 종교의 문제를 대두시킨 경우는 거의 없다. 그렇다고 해서 쁘라무디아가 종교의 중요성을 간과한다는 말은 아니다. 『인간의 대지』 4부작에서 주인공 밍꺼가 무슬림으로서 이슬람상인연합을 조직하고 이를 통하여 민족주의 운동을 전개한다. 쁘라무디아는 인도네시아 민족주의 운동사에서 봉건주의적인 관료 계층보다 이슬람 진영의 역할이 훨씬 컸다고 믿는다. 같은 맥락에서 베르트하임(W.F. Wertheim)도 쁘라무디아가 20세기 초 인도네시아 군도 지역에서 민족의식을 싹틔우는데 중요한 역할을 한 것이 이슬람이라는 것을 인식하고 있다고 언급했다.[7]

쁘라무디아는 10쪽도 안 되는 단편 「할례」에서 신앙의 문제를 건드리고 있다. 어릴 때 자신이 겪은 블로라의 궁핍한 상황을 상당 부분 드러내고 있지만 그것은 결국 성지 순례와 연결되는 지점이 있다. 성지 순례는 상당한 비용이 들며 그것은 가난한 자에게는 그림의 떡이기 때문이다. 어린 소년 마묵이 느끼는 절망감이 잘 드러난 단편이다. 앞에서 이야기한 바와 같이 인도네시

6 "Sunat" dalam *Cerita dari Blora*, p.48.

7 W. F. Wertheim, "Pramoedya as Historian" dalam *Pramoedya Ananta Toer 70 Tahun: Essays to Honour Pramoedya Ananta Toer's 70th Year*. pp. 81-90.

아 문학에서 종교의 문제를 부정적인 시각으로 다루는 것은 금기시돼 왔다. 1950년에 이러한 이야기를 끄집어낸 것을 보면 쁘라무디아의 용기를 엿볼 수 있다.

4 / 「블로라」 – 작가의 독백

쁘라무디아가 자신의 고향 블로라를 단편 소설의 제목으로 정한 데에는 이유가 있을 것이다. 블로라는 티크 원목의 주산지로 원래 타 지역에 비해 윤택한 지역이었다. 그러나 역설적이게도 식민 통치 정부가 티크 원목 등을 징발하다보니 유독 수탈이 심했던 지역이다. 이로 말미암아 인명 경시의 풍조가 만연하여 청부 살인까지 행해졌었다. 작가의 고향은 어머니의 품과 같은 곳이다. 라디오 기술학교를 다니기 위해 수라바야로 떠나는 1940년까지 고향에서 살았다. 그러니까 자아가 형성되는 중요한 시기에 블로라에서 자랐고 그의 삶은 그리 녹록지 않았다. 이러한 고향 블로라가 자신의 작품에 어떻게 투영되었느냐를 살펴보는 것은 흥미 있는 일이다.

「블로라(Blora)」는 단편집 『새벽(Subuh)』에 실린 「꾸란띨 28번길」, 「복수(Dendam)」 등 세 편의 단편 중 하나이다. 이 단편집은 1951년에 출간된 후, 1961년에 2쇄가 출간되었고, 1994년에는 말레이시아의 위라 까르야(Wira Karya)에서 출간했으며, 2001년에는 하스따 미뜨라에서 『혁명의 불꽃(Percikan Revolusi)』과 함께 재출간되었다. 초판 서론에서 야신(H. B. Jassin)은 쁘라무디아의 한 문장이 수딴 딱디르 알리샤바나의 소설 한 편에서 표출되는 모든 경험에 버금간다고 하였다. 이 단편은 한 수감인의 백일몽으로 형기를 마치고 석방된 주인공(aku)이 가족들과 재회하기 위하여 고향 블로라에 돌아가지만 기대했던 상황과는 전혀 다른 현실을 목격하는 것을 공상하는 이야기이다. 쁘라무디아의 작품 중에 자전적인 이야기가 많은데 이 단편 역시 등장하는 인물이나 상황이 작가가 겪었던 상황을 떠올리게 한다. 화자는 나(Aku)인데 작품 안에서 '구스(Gus)', '묵(Muk)', '쁘람(Pram)' 등으로 표현된다. '나'의 가족으로는 할머니, 아버지, 그리고 그의 동생들인 윗(Wit), 릭(Lik), 꾼(Kun), 움(Um), 꾸스(Kus), 쭉(Cuk) 등이다.

작가는 교도소에서 나온 주인공을 통하여 자신의 고향 블로라를 다음과 같이 묘사했다.

> 당신은 블로라에 가보았습니까? 찢어지게 가난한 도시 말입니다. …… 시체가 썩어 문드러지는 냄새가 진동하는 것 같아요. 그 냄새가 주민들을 괴롭힙니다. 가난의 내음이 진동합니다. 이곳의 전통은 사람들이 가난하게 살아야 한다는 것이지요. 이곳에서 고기를 일주일에 한 번 먹을 수 있는 사람은 이미 서민이 아닙니다. 그들은 마나님들입니다. 물론 백정은 포함되지 않습니다.[8]

『새벽(Subuh)』 표지

앞에서 이야기한 바와 같이 블로라는

8 *Percikan Revolusi dan Subuh*, p.146.

자원이 풍부했기 때문에 오히려 식민 통치 당국의 수탈이 심했던 지역이다. 이러한 블로라에 대한 쁘라무디아의 애정은 「할례」 등 다른 작품에서도 드러난다. 「블로라」에서 주인공이 고향에 도착하여 목도하는 것은 고통을 참지 못하여 미쳐버린 아버지, 거지가 된 할머니, 그리고 식민 통치군 군인에게 추행을 당했던 옛 연인 이나(Inah)의 모습이다. 이나의 모습은 예전과는 달랐다. 주인공은 이나가 말을 걸어오지만 혹시라도 그녀가 먼저 청혼할까봐 황급히 그 자리를 떠나간다.

주인공은 이어 일곱 살이 된 막내 동생 쭉을 만난다. 쭉은 오랜만에 집에 돌아온 오빠가 자신에게 무엇이든 해 줄 수 있을 것이라고 믿는다. 자신의 절름발이 다리를 고쳐 줄 수 있고 상황이 열악한 블로라에서 자신을 자카르타로 데려갈 것이라고 믿는다. 그러나 다른 동생들은 주인공의 귀향을 반기지 않았다. 그것은 주인공이 배반자가 되었을 것이라고 믿었기 때문이다. 특히, 지하 독립군 대장인 그의 동생 윗은 주인공에 대한 반감을 노골적으로 나타낸다. 마지막 부분에서 윗은 막내 동생 쭉이 모든 재앙의 근원이기 때문에 살해해야 한다고 한다. 윗의 명령으로 주인공이 동생 쭉을 살해하는 장면은 백일몽이라는 설정이 아니라면 받아들이기 어려운 스토리이다.

이 단편 소설을 읽어가다 보면 쁘라무디아의 삶을 떠올리거나 연관된 부분이 발견된다. 작가는 의도적으로 이런 식으로 자신을 드러내고 싶어 한 것이다. 쁘라무디아의 어머니는 1942년에 세상을 떠났는데 이 부분은 "일본군이 소리 없이 진주했다. 그리고 나의 어머니는 두 달 후 세상을 떴다."[9]와 연관된다. 쁘라무디아의 막내 동생 역시 어머니 사망 후 바로 세상을 떴는데 이

---

9 *Percikan Revolusi dan Subuh*, p.150.

러한 사실은 "같은 시간에 나의 막내 동생도 어머니를 따라 저세상으로 갔다."[10]에 드러난다. "어머니가 돌아가실 때 내 나이는 열일곱 살이었다"[11] 역시 1942년 작가의 어머니가 세상을 떠났을 때 그의 나이이다. 쁘라무디아는 7년 과정의 초등학교를 10년에 마쳤다. 이러한 사실은 "7학년을 졸업하는 데 나는 10년을 공부했다."[12]에 나타난다.

모든 작가는 시대의 아들이며 그래서 작가란 시대 조류 및 자신이 속한 계층과 분리하여 생각할 수 없다는 루카치의 주장과 같이 쁘라무디아가 겪은 삶의 질곡은 그의 여러 작품에 투영돼 있다. 이러한 측면에서 단편 소설 「블로라」는 쁘라무디아의 독백과도 같은 작품이다.

5 / 「꾸란띨가 28번지」 – 희생과 배반

「꾸란띨가 28번지(Jalan Kurantil 28)」는 1951년 단편집 『새벽』에 실린 세 편의 단편 소설 중 하나이다. 이 단편집은 1961년에 2쇄가 출간되었고 1994년에는 말레이시아의 위라 까르야 출판사에서 출간되기도 했다. 그 후 2001년 쁘라무디아가 함께 참여해 세운 하스따 미뜨라 출판사에서 단편집 『혁명의 불꽃』과 『새벽』을 함께 묶어서 출간했다. 하스따 미뜨라 본은 오탈자가 많이

---

10 *Percikan Revolusi dan Subuh*, p.150.

11 *Percikan Revolusi dan Subuh*, p.150.

12 *Percikan Revolusi dan Subuh*, p.151.

발견되어 작품의 긴장감을 떨어뜨린다.

이 단편 소설은 민족의 독립을 위하여 독립 전쟁에 참여한 젊은이의 이야기이다. 주인공 마흐뭇은 출소 후 끄라맛가에서 꾸란띨가까지 2킬로미터를 걸어오면서 지나간 일을 생각한다. 마흐뭇(Mahmud Awan)은 독립 운동을 하다가 네덜란드군에 붙잡혀 4년간 복역한 후 풀려나 꾸란띨가 28번지의 자기 집 터에 왔으나 새로 세워진 집에는 자신이 전장에서 죽은 줄 알고 친구 마맛(Mamat)이 마흐뭇의 원래 부인 마르니(Marni)와 재혼하여 이발소를 하며 함께 살고 있었다. 가족의 소중함을 인지하고 가족을 지켜야겠다는 주인공 마흐뭇의 꿈은 산산조각이 났고 이에 실망한 마흐뭇은 찔리웅(Ciliwung) 강에 몸을 던져 자살한다는 것이 대강의 스토리이다.

쁘라무디아는 이 작품에서 독립 운동에 참여한 투사를 기다리는 것은 자신의 희생적인 투쟁에 대한 보상이 아니라 철저한 배반이었음을 그리고 있다. 글로독, 찌삐낭, 강 아 등에 위치했던 식민 통치군 감옥에서 출옥 후 가족을 만난다는 희망을 품고 귀가한 주인공에게 펼쳐진 현실은 자신의 아내 마르니와 딸 나니가 자신의 친구와 재혼한 상태로 살고 있다는 것이다. 마흐뭇은 마르니를 사랑했고 그래서 결혼했다. 주인공 마흐뭇이 자신이 꾸린 가정을 얼마나 소중하게 생각하는지에 대하여는 다음 인용문에 잘 드러나 있다.

> 새로 꾸린 가정은 그에게 의미를 부여했다. 가정은 아이가 태어나고 자라나는 요람과 같았다. 결혼을 하고부터 그는 가정의 평화를 깨는 그 누구도 증오했다. 그 어떤 방식이든 그것은 인간애의 적이었다. 이어 혁명기가

도래했고 가정은 깨졌다.[13]

마흐뭇은 자신의 아내 마르니가 자신을 위해 모든 것을 바쳤다는 확신이 있었다. 그래서 자신이 자살 시도 등 혼란스러울 때 그의 아내를 떠올리곤 했다. 마흐뭇은 자신이 아내를 보살펴야 하는 의무가 있다고 믿었다. 하지만 꾸란띨가 28번지의 상황은 바뀌었다. 중학교 친구인 마맛은 이발사가 되었고 마흐뭇이 전사한 것으로 생각하고 마르니와 재혼한 것이다. 마흐뭇을 마주한 마맛은 자신이 마르니를 포기하겠다고 했으나 주인공 마흐뭇은 자신이 포기하고 결국 물로 뛰어들어 생을 마감한다.

자신이 가장 소중하게 생각하던 대상이 사라진 상황에서 주인공이 극단적인 선택을 하게 한 것은 오롯이 작가의 몫이다. 쁘라무디아는 그의 여러 작품에서 개인적인 이익과 국가의 이익을 비교하고 후자가 중요하다는 메시지를 보냈다. 쁘라무디아로서는 독립 투쟁을 위해 헌신한 주인공이 전혀 예기치 않은 상황을 맞이하게 함으로써 주인공의 희생을 강조하였다. 전장에 참여한 경험이 있는 작가로서는 희생에 대한 보상이 아쉬웠을 것이다.[14]

---

13 *Percikan Revolusi dan Subuh*, p.167.

14 1945년 국민치안대에서 공보장교로 근무하던 쁘라무디아는 이듬해 7개월의 밀린 봉급을 포기하고 전역했다.

III
저항 소설

1 / 『투사가족』
– 개인의 이익과 공동의 이익 사이에서

『투사가족(Keluarga Gerilya)』은 1950년에 초판이 발간되었다. 쁘라무디아의 주요 소설 몇 편을 꼽으라면 반드시 포함돼야 할 중요한 소설이다. 이 소설은 쁘라무디아가 네덜란드에 저항하는 전단을 가지고 있다가 발각되어 식민통치군 교도소인 부낏두리 교도소에서 수감되었을 때인 1949년 10월에 탈고한 작품이다. 따지고 보면 이 소설을 비롯하여 쁘라무디아의 주요 소설, 즉 『도망자』, 『인간의 대지』 4부작 등이 그가 영어의 몸이었을 때 탈고된 것이다. 이러한 교도소의 상황이 쁘라무디아에게는 역설적으로 이른바 '행복의 섬'이 된 것이다.[1]

많은 비평가들이 『투사가족』에 대하여 호평했다. 야신(H.B. Jassin)은 이 소설이 이드루스(Idrus)의 『수라바야(Surabaya)』, 목타르 루비스의 『끝이 없는 길

1 일부 평론가들은 우스갯소리로 쁘라무디아의 주요 작품이 감옥 생활을 할 때 나왔으므로 그가 좋은 작품을 쓸 수 있도록 그를 다시 감옥으로 보내야 한다고 했다.

『투사가족(Keluarga Gerilya)』 표지

왕립 네덜란드령 인디아군(KNIL) 휘장

(Jalan Tak Ada Ujung)』과 함께 45세대 문학의 최고봉을 이룬다고 했다.[2] 야신은 그동안 인도네시아 소설의 개척자 이드루스가 이루지 못한 부분을 쁘라무디아의 『투사가족』이 해냈다고 했다. 사실 형식적 혹은 내용적인 측면에서 단편 소설이나 시 부문에서 이미 일었던 혁명의 조건이나 정신은 적어도 1950년까지 소설에서는 나타나지 않았다. 1950년에 쁘라무디아가 『투사가족』과 『도망자』를 발표하면서 소설이 이 조건을 충족하게 되었다. 쁘라무디아는 그의 소설 『투사가족』에서 일상적인 형식으로 거짓 연민을 배제한 독립 혁명의 정신을 묘사했다.[3] 이 소설은 혁명 소설이라고 해야 맞지만 '혁명'이 가지고 있는 일반적인 이미지와 인도네시아의 혁명기(1945~1949)가 혼선을 불러일으킬 수 있으므로 식민 통치에 대한 저항 소설이라고 부르는 게 옳다. 소설의 줄거리는 다음과 같다.

일본이 태평양 전쟁에서 패망한 후에 네덜란드가 다시 인도네시아에서 영향력을 끼치고 있던 1947년 자카르타가 이 소설의 배경이다. 아밀라는 사아만, 살라마, 까르띠만, 짜니민, 빠띠마, 살라미, 그리고 하산의 어머니이다. 장남 사아만 등 그녀의 몇몇 아이들은 네덜란드에 대항하여 지하 독립 운동을 하고 있다. 사아만은 독립군 대장이며 생계 유지를 위하여 낮에는 인력거를 끈다. 살라마는 공장에서 일하고 동생들은 아직 학교에 다닌다. 사아만의 계부 빠이잔은 왕립 네덜란드령 인디아군(KNIL)[4]의 상사였다. 그러니까 사아만

2 H.B.Jassin, 1885. *Kesusastraan Indonesia Modern dalam Kritik dan Esai II.* p.212.

3 H.B.Jassin, 1985, *Kesusastraan Indonesia Modern dalam Kritik dan Esei II*, p.93.

4 네덜란드령인디아는 현재의 인도네시아를 칭한다. KNIL은 Koninklijk Nederlands Indisch Leger의 약자이다.

과 계부 빠이잔은 서로 적대적인 상황에 놓여있다. 결국 사아만과 그의 동생 까르띠만과 짜니민은 민족을 배반한 계부 빠이잔을 살해하게 된다.

아밀라는 젊었을 때부터 자유분방하게 남자를 사귀어 남자관계가 복잡했다. 그래서 그녀의 아이들은 서로 배가 달랐다. 살라마의 생부는 네덜란드 장교로 게데르라고 불리웠으며 사아만의 생부는 아쩨 출신의 저항 운동가인 베니이다. 게데르는는 일본군에게 살해되었고 베니는 아쩨의 반란군에게 죽임을 당했다. 정신이 반쯤 나간 상태의 아밀라는 독립 운동을 하다가 붙잡혀간 장남 사아만을 찾아 헤매고 있다. 그녀의 집은 폭도들의 방화로 전소되었다. 집안의 상황이 어렵게 되자 빠띠마와 살라미는 학업을 중단하고 일자리를 찾아야 했다.

사아만은 네덜란드에 대항하여 지하 독립 운동을 하고 아버지를 살해했다는 혐의로 법정에서 사형을 언도 받았다. 혐의가 사실이었으므로 사아만은 모든 것을 받아들였다. 살라마는 약혼자 다르소노와 함께 오빠 사아만의 소식을 들으려 동분서주했다. 사아만은 네덜란드 출신 교도소장 카렐의 도움으로 자신의 편지를 동생들과 약혼녀 자이납 줄리아띠에게 전했다. 자이납 줄리아띠는 사아만을 배반하고 선원과 결혼했다. 카렐은 사아만의 편지를 사아만의 동생들에게 전했다. 그는 사아만 동생들의 학비를 지원하려고 했지만 사아만의 동생들은 인도네시아의 적인 네덜란드의 관리로부터는 도움을 받을 수 없다는 이유로 거절하였다.

다르소노가 신문에 발표된 사아만의 사형 집행 소식을 아밀라 가족들에게 알렸다. 가족들은 사아만이 어느 교도소에 수감되었는지 언제 사형이 집행되는지 알고 싶어 했다. 살라마 역시 오빠 사아만이 어디에 수감되어 있는지 수소문했다. 이때 까스단 상사가 접근하여 자신이 도움을 주겠다고 했다. 까스단은 살라마에게 사아만이 보고르 교도소에 있다고 말하고 그녀와 함께 보고르로 향했다. 하지만 까스단은 보고르에 도착하기 전에 살라마를 성폭행했다. 그리고 자신의 아버지가 사아만에게 살해당해서 그에 대한 복수를 살라마에게 했다고 말했다.

살라마는 자신의 오빠를 구하지 못하고, 자신의 가족을 보호하지 못했으며, 약혼자가 있는 몸으로 자신의 정조를 지키지 못한 것에 대한 죄책감으로 괴로워했다. 하지만 다르소노는 넓은 마음으로 살라마의 상황을 이해하고 그녀를 위로했다. 한편, 사아만은 사형 집행을 목전에 두고 자신이 인간으로서 동생들과 함께 계부를 살해한 것에 대한 회한을 남기고 현장의 이슬로 사라졌다.

이 소설에서 쁘라무디아는 특정 인간에게 부여된 임무, 삶의 무게, 확신 등에 의하여 잔인해질 수 있는 인간의 모습을 그리고 있다. 사아만과 그의 동생들이 계부 빠이잔 상사를 살해하는 대목은 그러한 모습을 리얼하게 보여준다. 개인이나 가족의 측면에서 본다면 이러한 설정을 불가능할 것이다. 하지만 국가나 민족의 차원에서 들여다보면 지하 독립 운동을 하는 사아만 형제들로서는 빠이잔 상사가 적에 동조하는 인물이고 당연히 제거해야 하는 대상인 것이다. 쁘라무디아는 개인의 이익과 국가의 이익을 두고 하나를 골라야 한다면 주저함 없이 국가의 이익이 우선한다는 메시지를 남기고 있다.

인도네시아에서 전체를 위하여 개인이 희생되어도 좋다는 비타산 의식을 드러내는 작품 중 대표적인 것이 바로 쁘라무디아의 소설 『투사가족』과 단편 「양보하는 자」(1950)이다. 『투사가족』에서 살라마의 희생정신도 그것이려니와 이 소설에서 중요하게 다루어져야 하는 것은 사아만과 그의 두 동생 까르띠만(Kartiman)과 짜니민(Canimin)이 그들의 계부인 빠이잔(Paijan)이 화란 식민 통치군(Koninklijke Nederlands-Indische Leger)의 병사로서 독립 혁명에 방해가 된다는 이유로 살해하는 대목이다. 동양적 윤리로는 받아들이기 어려운 행위이나 이 작품에서 전달하고자 하는 것은 결과적으로 개인이나 가정의 이익보다는 공동체의 이익이 앞선다는 것이다. 쁘라무디아는 살인을 세 가지 유형으로 구분했다. 다른 사람의 재물을 탈취하거나 복수를 하기 위해 저지르는 살인, 국가와 민족을 위하여 전장에서 적을 무찌르는 살인, 그리고 정부가 범죄자를 소탕하기 위한 일련의 과정에서 발생하는 살인이 그것이다. 쁘라무디아는 이러한 살인를 각각 범죄, 애국, 그리고 의무로 규정했다. 그러니까 사아만과 그의 동생들이 저지른 살인은 두 번째 범주에 들어갈 수 있다.

일본 식민 통치 시대와 그 이후의 전환기를 시대 배경으로 하는 단편 「양보하는 자」는 주인공 스리(Sri)의 철저한 희생정신을 그리고 있다. 스리의 가족은 어머니가 죽은 후에 다시 두 오빠 수찝또(Sucipto)와 수라디(Suradi)가 버마의 전쟁터로 나가고 아버지와 언니, 그리고 여러 동생들과 함께 사는데 언니 이스(Is)가 총독부에 타자수로 취직하게 되자 두 달만 더 다니면 마칠 수 있는 자신의 학업을 포기하고 집안일을 떠맡게 된다. 그 후 이스는 좌익 단체에 가입하고 공산주의자가 되어 동생들의 입당을 강요한다. 스리는 자신의 동생들의 생존을 위하여 집안일은 디아(Diah)에게 맡기고 자신의 이념과는 상관없이 공산당에 입당한다는 내용이다. 작품의 마지막 부분에 나오는 스리의 다음과 같은 대사는 그녀가 이미 자신의 이익과는 먼 곳에 있음을 알 수 있게 한다.

> 무슨 일이든 일어나라지. 일어나라고 해. 우리는 우리 자신을 감출 수 있어야 해. 우리는 우리 자신은 아예 없는 것으로 여기자. 그러면 모든 일이

잘 풀릴 거야.[5]

이와 같이 인도네시아인들은 집단을 구성하는 한 개체로서 균형과 안정을 찾으려고 노력하며 그러기 위해서는 집단의 이익을 먼저 고려해야 한다고 믿는다. 이로써 개체의 선택을 허용치 않으려 하며 이보다는 집단의 동질성을 공유하는 집단적 분위기를 선호한다. 14세기에 음뿌 딴뚤라르(Mpu Tantular)가 『수따소마(Sutasoma)』에 기록한 바 있는 '다양성 속의 통일(Bhinneka Tunggal Ika)'이라는 인도네시이인들의 통합 철학도 결과적으로는 종교 문화적으로 다양한 이 지역의 다양성을 인정하면서도 공동체의 존재를 우선적으로 고려함으로써 여기에서 유발될 수 있는 갈등을 극소화시키는 방편으로 유용하다.

한때 말레이시아에서 인도네시아 작가 쁘라무디아의 소설 『투사가족』이 학생들의 필독서가 된 적이 있다. 이 소설은 대학 진학 시험에서 반드시 읽고 분석해야 될 작품 중의 하나로 간주되었다. 말레이, 중국, 인도계로 구성된 국가 말레이시아에서 개인이나 특정 집단의 이익이 우선시된다면 국가의 존망이 어려울 수 있다. 그들이 국가의 이익이 개인의 이익에 앞선다는 이 소설의 메시지를 국민들에게 인식시키고 싶었을 것이다.

쁘라무디아는 사아만 형제들의 계부 살해라는 설정을 단지 잔인함의 표출로만 드러내지 않는다. 동서양을 막론하고 일반적으로 받아들일 수 없는 계부 살해는 국가의 이익이라는 더 큰 이익을 위해 개인의 이익을 포기할 수밖에 없는 피식민 국민의 운명이었다. 작가는 주인공 사아만이 사형 집행을 앞

5 'Dia Yang Menyerah', p.228.

두고 아버지를 살해한 것에 대한 인간적인 뉘우침을 빠뜨리지 않았다. 사아만의 다음 독백이 그것을 말해준다.

> 나는 나의 인간애를 희생시켰다. 그리고 이 순간 나의 영혼과 나의 육신까지도. 어쩔 수 없이 나는 잔인하게 대했고 살인을 저질렀다. 이 땅에 있는 다른 사람들이 더 이상 내가 행한 일을 하지 않아도 되도록, 그리고 그들이 곧바로 인간애와 독립을 향유할 수 있도록.[6]

야신은 바로 이 지점에서 우리가 정상적인 상황에서는 이해할 수 없는 것을 받아들여야 한다고 했다.[7] 하심 아왕도 『투사가족』에서 전하려고 하는 메시지는 "인간애, 독립, 그리고 전쟁"이라고 하면서 억압된 상황에서 벗어나려는 피식민국 국민들의 독립이야말로 가장 기본적인 권리라고 강조했다. 이를 위해서는 어느 정도의 개인적인 희생이 뒤따를 수밖에 없다고 했다.[8]

이 소설을 설명하는 키워드로 애국심, 인도주의, 그리고 현실에 대한 저항에서 출발하는 유토피아적 이상주의를 들 수 있다. 이러한 키워드들은 작가의 경험과 무관하지 않다. 쁘라무디아는 혁명기에 찌깜뻭 지역에서 군 생활을 한 적이 있는데 이때의 경험이 그로 하여금 이 소설을 쓰게 만들었다. 다시 말하면 당시 그가 겪은 일련의 일들이 이러한 소설을 써야 하겠다는 동기를 부여했고 그때 만난 인물들이 이야기에 등장한다. 특히 주인공 사아만은 그가 직접 만났던 와합이라는 사병이 모델이 되었다. 쁘라무디아는 1946년

---

6 *Keluarga Gerilya*, p.149.

7 H.B.Jassin, 1985, *Kesusastraan Indonesia Modern dalam Kritik dan Esei II*, p.87.

8 Hashim Awang, 1977, *Satu Analisa Novel Keluarga Gerilya*, p.9.

찌깜삑 지역에서 공보 장교로 근무한 적이 있는데 와합은 그 당시 만난 인물이다.

당시 쁘라무디아가 근무한 군부대의 높은 지위에 있는 사람들은 대부분이 자바 사람들이었다. 식민 통치가 끝난 지 얼마 안 되었기 때문에 대부분 장교들은 대체적으로 네덜란드어를 구사했다. 네덜란드어를 잘 구사하지 못하면 군 생활에 지장이 있을 정도였다. 부대가 구성된 후에 자카르타에 온 사십여 명의 청년들이 부대에 가담했고 그 대표자 격인 사람이 와합이었다. 와합은 전투 경험이 많아 보였다. 이와 같은 상황에서 자연스럽게 와합이 분대장이 되었다. 하지만 와합 분대는 연대에서 그리 환영을 받지 못했다. 자바의 관료 계층 출신의 장교들은 네덜란드어도 제대로 구사하지 못하는 와합의 병사들을 얕잡아 보았다. 연대장은 그들을 쁘라무디아 지휘 아래에 배속시켰다. 하지만 그들은 임무를 제대로 수행하지 못했고 쁘라무디아는 어쩔 수 없이 그들은 다시 같은 연대의 다른 부대로 보내야 했다. 쁘라무디아는 와합에게 미안함을 표했다. 와합 분대는 그 뒤 모두 부대에서 해고되었다.

그 후 한동안 쁘라무디아는 와합이라는 병사에 대한 기억으로 고통을 받을 지경이었다. 그의 뇌리에는 와합의 남루한 군복을 입은 건장한 모습이 박혀있었다. 쁘라무디아가 네덜란드에 저항하는 전단을 소지하고 있다가 발각되어 부낏 두리 교도소에 수감되었을 때 신문을 통하여 와합의 소식을 접할 수 있었다. 와합은 자카르타의 여러 네덜란드 주둔지를 공격하다 붙잡혀 군사 법정에 섰다. 인력거꾼으로 일하던 와합이 지하 독립 운동을 하다가 네덜란드군의 소탕 작전에서 붙잡힌 것이었다. 와합은 삔뚜 버시(Pintu Besi) 지역의 캐피톨 극장 건물에 수류탄을 투척했다. 와합은 총살형으로 형장의 이슬로 사라졌다. 와합은 네덜란드군의 회유에도 불구하고 지하 독립 운동 조직을 발설하지 않았다. 그는 개인의 이익은 전혀 돌보지 않고 인도네시아 독립이라는 국가의 이익을 위하여 투쟁하였다.

쁘라무디아는 1947년 12월 와합의 투쟁을 소재로 「친구에 대한 추억(Kenang-Kenangan Pada Kawan)」을 탈고했다. 이는 1948년〈밈바르 인도네시아(Mimbar Indonesia)〉지에 실렸으며 그 후 『가뿌라(Gapura)』(1951), 『혁명의 불꽃』(1957)에 재수록되었다. 와합이라는 투사에 대한 최소한의 의무를 수행했다고 생각했지만 쁘라무디아는 와합의 이야기를 단편으로 풀어낸 것은 부족하다고 여겼다. 그는 와합이라는 인물이 인도네시아 독립 투쟁사에서 더 부각되어야 한다고 생각했다. 그래서 쁘라무디아는 자신이 할 수 있는 방법, 즉 소설을 통하여 와합이라는 영웅을 풀어내기로 했다.

하지만 쁘라무디아가 실제로 와합을 만난 것은 휘하 부대원으로 있을 때 몇 번 만나본 것이 고작이었다. 따라서 그의 개인적인 삶이 어땠는지 알 수 없었다. 그래서 쁘라무디아는 와합을 시대에 걸맞는 영웅으로 만들기 위하여 자신의 상상력을 동원할 수밖에 없었다. 그러한 상상력은 어머니로부터 물려받은 이른바 '노잣돈' 중의 하나이다. 쁘라무디아는 와합이라는 병사를 모델로 한 주인공 사아만을 성공적으로 그려냈다고 판단된다. 다시 말하여 그는 사아만을 통하여 자신의 메시지를 적절하게 표현했다. 주인공과 작가를 동일시할 수밖에 없는 이유가 여기에 있다. 작가는 주인공과 내적인 교감이 있을 수밖에 없다. 이것은 작가가 자신이 만들어 낸 작중 인물들을 통하여 자신의 이상을 실현하려고 하기 때문이다. 결국 문학의 문제는 인간의 문제이고 문학을 이해하는 것은 특정한 작품에 등장한 인물을 이해하는 작업이다.

『투사가족』에서 부자 간의 갈등이 두드러진다. 사아만 형제들과 그들의 계부 빠이잔 상사 사이의 갈등이 그것이다. 앞에서 말한 바와 같이 국가 이익의 측면에서 보면 분명 사아만 형제들과 빠이잔 상사는 적대적인 관계에 놓여 있다. 결국 사아만 형제들은 빠이잔 상사를 살해하게 된다. 쁘라무디아는 이러한 설정을 자신의 삶, 즉 자신과 아버지가 갈등했던 상황 등을 참고했다고 했다.[9] 쁘라무디아는 네덜란드 식민지 시대, 수하르토 군부 시대, 그리고 독립의 시기를 살았다. 이러한 전환기에 기성 계층이 '진보적인' 상황에 적응하기는 쉽지 않다. 이와 같은 맥락에서 보면 사아만 형제들이 자신들의 계부를 살해하는 상황을 받아들이기는 쉽지 않다. 그러나 쁘라무디아는 사회 구성원의 한 사람으로서 자신의 메시지를 효과적으로 표출하기 위하여 다소 극단적인 설정을 하였다.

사아만의 아버지 빠이잔 상사는 쁘라무디아가 군 복무를 마치고 꺼마요란에 거주할 때 이웃집에 살던 사람들이 모델이 되었다. 어떤 사람은 호주에서 돌아온 퇴역 해병대 군인이었고, 어떤 사람은 네덜란드 사람이었다. 그리고 실론에서 돌아온 퇴역 군인 그리고 마나도 출신의 왕립 네덜란드령 인디아군(KNIL)도 있었다. 특히 왕립 네덜란드령 인디아군 병사들의 행태는 쁘라무디아가 교도소에 수감되었을 때나 강제 노역을 할 때 자주 접한 것이었으므로 왕립 네덜란드령 인디아군 소속인 빠이잔 상사를 묘사하는데 도움이 되었다. 사아만의 인력거꾼은 쁘라무디아가 평소에 쉽게 접하는 직업이었다. 게다가 그의 친구 중에는 스마랑에서 인력거꾼을 하는 친구도 있어서 그들의 삶을 작품에 투영하는데 어려움이 없었다.

소설의 기법적인 측면에서 쁘라무디아는 자신이 로데 칠렌스(Lode Zielens), 존 스타인벡(John Ernst Steinbeck), 그리고 윌리엄 서로이언(Willima Saroyan)의 영향을 받았다고 말해왔다. 그는 벨기에 작가 칠레스로부터 객관적인 사실과

9 Pramoedya Ananta Toer, 1983, "Perburuan 1950 and Keluarga Gerilya 1950" in *Indonesia*, no.46. p.40.

주관적인 사실 사이에는 간극이 없다는 것을 배웠다. 즉, 실제로 존재하는 단 하나의 사실과 각 개인이 믿고 생각하는 각각의 사실에는 차이가 없다는 것이다. 모든 것을 결정하는 것은 둘 사이의 움직임이라고 보았다. 이와 같은 관점에서 보면 작가가 작품에서 독자들에게 전달하려는 것도, 일방적으로 주관적인 것도, 그렇다고 해서 온전히 객관적인 사실도 없다는 것이다. 쁘라무디아는 스타인벡에게서 해석으로부터 행동을 자유롭게 하는 것을 배웠다고 했다. 그러니까 작가에게는 독자의 해석의 방향과 관계없이 행동이 중요하다고 본 것이다. 『투사가족』을 쓸 무렵에는 서로이언의 『인간의 희극(The Human Comedy)』(1943)이 그에게 영향을 주었다. 그는 인간의 가장 기본적인 감정이 인간과 소통하는 가장 빠른 다리라는 것을 가르쳐 주었고, 따라서 그의 문장은 이러한 기본적인 감정이 표시될 수 있는 장면으로 향했다.

앞에서 언급한 기술적인 측면 이외에도 쁘라무디아는 스타인벡으로부터 사회주의 리얼리즘의 영향을 받은 것으로 판단된다. 스타인벡은 사회주의 리얼리즘을 대표하는 작가로 끊임없는 변화 속에서 스스로를 발견하고, 삶의 진정한 의미를 찾으려는 탐구 정신과 인간과 사회의 악을 규명, 그것을 극복하려는 저항 정신을 작품에 표출했다. 쁘라무디아가 인도네시아에 사회주의 리얼리즘을 소개하고 자신이 감당해야 될 문학 정신으로 삼은 것도 이와 무관하지 않다. 쁘라무디아는 실제로 사회주의 리얼리즘의 백미라고 할 수 있는 막심 고리키의 『어머니』를 인도네시아어로 번역하였다.

『투사가족』은 식민 통치라는 불합리하고 부자유스러운 상황에서 벗어나기 위하여 개인의 희생을 피할 수 없는 것으로 보는 반식민 소설이다. 이 소설의 스토리를 따라가다 보면 주인공 사아만과 그 형제들의 투쟁, 희생 등을 엿볼 수 있다. 목적을 달성하기 위하여 계부를 살해하는 대목을 잔인한 행위로만 치부할 수 없다. 그것은 어찌 보면 국가보다 훨씬 작은 개인(가족)의 희생이다. 소설의 마지막 부분에서 사아만과 그의 동생 까르띠만 그리고 짜니민이 개인적인 차원에서 후회하는 장면은 그들도 역시 한 가족의 구성원, 인간이라는 것을 보여주기에 충분하다. 작가는 작품을 통하여 자신의 메시지를 표출한다. 쁘라무디아가 그의 조국을 얼마나 귀하고 자랑스럽게 생각하는지를 알 수 있는 대목이다.

2 / 『도망자』 - 자유와 인간애

『도망자』는 쁘라무디아가 영어의 몸이었던 1949년 5월 부낏두리 교도소에서 탈고한 작품이다. 그해 12월 네덜란드가 인도네시아에서 완전히 물러나고 쁘라무디아는 자유의 몸이 되었다. 이듬해 이 소설을 세상에 내놓았고 1955년에는 2쇄를 출간하였다. 1965년 9월 30일 공산당이 주도한 유혈 쿠데타 발발 이후 국민문화동맹(LEKRA)의 활동이 중지되었고 11월 30일 당국이 지정한 판금 도서 목록에 포함되어 이 소설의 판매가 금지되었다. 『도망자』는 리차드 오(Richard Oh)의 연출로 2019년에 영화로도 제작되었다. 이 소설은 해리 어벨링과 윌렘 새뮤얼스에 의해 각각 1987년과 1990년에 영어로 번역되었다. 그 후 네덜란드어, 독일어, 불어, 스페인어, 중국어, 그리고 튀르키예어로 번역된 바 있다.

『도망자』의 시간적인 배경은 인도네시아가 일본으로부터 독립을 맞이하기 하루 전인 1945년 8월 16일 저녁 무렵부터 독립 당일인 1945년 8월 17일 정오까지이며 공간적인 배경은 작가의 고향인 블로라이다. 쁘라무디아는 이

『도망자(Perburuan)』 표지

『도망자(Perburuan)』 영역본 표지

소설에서 주인공 하르도(Hardo)를 포함한 작중 인물들의 운명 및 그들이 부딪치는 극한 상황을 그리고 있다. 그리고 식민 통치 세력의 부당함에 대한 저항과 배반의 긴장감이 짧은 시간적 배경에 잘 드러나 있다.

쁘라무디아가 이 소설을 쓰는데 영감을 준 것은 1945년 2월 14일부터 이틀간 동부 자바의 블리따르(Blitar)에서 일어났던 수쁘리야디 주도의 대일본군 반란 사건이다. 이 사건은 앞에서 언급한 조국방위의용군의 소대장 수쁘리야디가 일본군의 폭정에 반기를 들어 사건 당일 새벽 3시에 일본군 장교들이 묵던 사쿠라 호텔 공격하며 시작되었다. 반란 사건은 실패로 돌아갔고 이 사건에 가담한 78명이 체포되었으며 그중 6명은 사형을 당했다. 사건 뒤 수쁘리야디의 행적은 알려지지 않았다. 이 사건은 인도네시아 역사에 열등감을 가지고 있던 쁘라무디아에게 자부심과 영감을 주었다. 일본 식민 통치 시대에 인도네시아 국민들이 가만히 있지 않고 저항을 한 사실을 증명한 이 사건이 그에게는 새롭게 다가온 것이다. 실제로 앤더슨은 수쁘리야디의 이 반

란 사건을 일본군에게 심각한 타격을 준 사건으로 규정하였다.[10]

쁘라무디아는 자신의 고향 블로라에 체류할 때 수쁘리야디의 반란에 대한 영감을 확인하였기 때문에 블로라를 그 배경으로 하였다. 소설을 쓸 자료는 차고 넘쳤다. 당시 에르나 자야디닝랏(Erna Djajadiningrat)이 의장으로 있던 정치희생자위원회로부터 자료를 받을 수 있었다. 앞에서 언급한 바와 같이 이 원고는 작가가 부낏두리 교도소에 투옥되었을 때 일주일 만에 탈고했다. 쁘라무디아에게 글을 쓴다는 것은 자신이 살아있음을 확인하는 작업이었다.[11]

이 소설의 구성은 크게 네 개의 부분으로 나누어진다. 즉, 하르도와 닝시의 아버지가 만나는 부분, 하르도와 아버지가 만나서 이야기를 나누는 부분, 하르도와 디뽀가 까르민의 처리에 대해 상반된 의견을 주장하는 부분, 그리고 마지막으로 극적인 조정의 부분이 그것이다. 문학이 특정 사회를 읽는 중요한 자료임을 상기할 때 『도망자』는 자바의 사회와 문화를 이해하는 중요한 지침서이다. 소설 도입부에서 쁘라무디아가 묘사하는 블로라 지역의 분위기는 자바를 배경으로 한 한 편의 영화를 보는 듯하다. 작가의 문장력 역시 그 어떤 작품에서 보여주는 것보다 탄탄하고 우아하다.

깔리왕안(Kaliwangan)의 읍장이 그의 아들 람리의 할례 의식을 하였다. 그 의식에는 먹을 것을 구하기 위하여 많은 걸인들이 모여들었다. 할례를 마친 람리는 그의 누나 닝시의 남편이 될 하르도를 발견하였다. 하르도는 일본 식민 통치 시대 일본군에 조력하는 목적으로 창설된 조국방위의용군(PETA)군의 소대장이다. 하르도는 그의 동료인 디뽀, 까르민 등과 일본 주둔군에 대한 반란을 계획했는데 까르민의 배반으로 그 계획이 사전에 발락되어 일본군에

---

10 Ben Anderson, 1961, *Some Aspects of Indonesian Politics under the Japanese Occupation*: 1944-1945, p.47.

11 Pramoedya Ananta Toer, 1983, "Perburuan 1950 and Keluarga Gerilya 1950" in *Indonesia*, no.46. p.37.

기는 몸이었다. 자신의 신분이 노출된 것을 안 하르도는 재빨리 몸을 피하게 되고, 람리의 어머니는 남편에게 하르도를 찾도록 부탁한다. 그동안 하르도를 추적해 온 일본군도 읍장에게 하르도를 찾아올 것을 명령하였다. 하르도의 약혼녀인 닝시는 하르도를 찾아나서는 자신의 아버지를 원망한다. 읍장은 마침내 하르도를 만났고 그에게 마을로 돌아갈 것을 종용하였으나 하르도는 완강히 거절하였다.

읍장으로부터 벗어난 하르도는 잠시 후 어둠 속에서 한 노인을 만나게 된다. 그는 하르도의 아버지인 까심인데 까심은 까랑자띠(Karangjati)의 부군수였으나 자신의 아들을 찾아오라는 일본군의 지시를 따르지 않아 부군수 직에서 해고된 상태였다. 하르도는 자신의 아버지를 알아보았으나 까심은 그렇지 않았다. 하르도는 자신이 까심의 아들이라는 사실을 밝히지 않고 어둠 속에서 그와 대화를 나누었다. 하르도는 자신의 어머니가 일본군에 쫓기는 신세인 아들을 걱정하다가 세상을 떠난 사실도 알게 되었다.

하르도는 다시 피신하여 그의 동지인 디뽀를 만난다. 디뽀는 자신들의 계획을 일본군 측에 밀고한 배신자 까르민을 용서할 수 없다고 한다. 하지만 하르도는 까르민을 더 넓은 차원에서 용서하고 자신의 곁으로 돌아올 것으로 믿는다. 그들은 걸인으로 변장한 동지 까르띠만을 만나서 일본군이 전쟁에서 패했다는 소식을 듣는다.

얼마 후 지도관, 까르민 소대장, 읍장, 그리고 새로 부임한 부군수가 하르도, 디뽀, 까르띠만을 체포하러 왔다. 그들이 하르도 일행을 심문하려 할 때 "인도네시아가 해방되었다"라는 함성이 들려 온다. 그때 지도관이 총질을 하기 시작했다. 그 순간 까르민이 재빨리 지도관의 무기를 빼앗았고 디뽀는 그 일본군의 목을 베었다. 군중들이 까르띠만을 처형해야 한다고 할 때 하르도가 이를 제지하였다.

『도망자』는 반일본제국주의 소설이며 동시에 애국심을 강조한 소설이다. 일본군은 1942년 3월 2일 블로라 지역에 진주했다. '대동아 공영권'을 기치로 인도네시아에 들어온 일본은 인도네시아를 태평양 전쟁의 조달 창구 기지로 활용하려는 속셈이 있었다. 350년 동안 인도네시아를 통치하던 네덜란드 세력을 몰아내고 그 자리를 일본이 차지하였다. 일본 진주 초기에 인도네시아 사람들은 그들을 환영하였다. 하지만 그러한 환영을 오래 가지 못했다. 한국, 대만 등에서 30년 이상 식민 통치 경영의 노하우를 터득한 일본은 인도네시아를 효과적으로 수탈하였다. 쁘라무디아는 종군위안부 제도 등 일본 식민 통치군의 수탈과 관련하여 2001년에 『일본군 압제하의 종군위안부(Perawan Remaja dalam Cengkeraman Militer)』를 출간하였다.

『일본군 압제하의 종군위안부』 표지

인도네시아 입장에서는 오랫동안 자신들을 식민 통치했던 네덜란드를 같은 아시아권 국가인 일본이 물리쳤다는 사실에 고무되었다. 그래서 일본의 '대동아 공영권'에 말려든 형국이 되어 일본의 진주를 환영하였다. 그러나 이러한 분위기는 얼마 가지 않았다. 일본은 바로 본색을 드러냈다. 쁘라무디아 자신도 일본 진주 3일 만에 그들의 폭정을 경험하였다. 자신의 자전거와 시계를 일본군에 빼앗긴 적이 있다. 당시 신문의 주요 기사는 일본의 폭정과 관련된 것이었다. 일본 식민 통치 정부는 일본의 적으로 간주되는 국가의 언어 사용을 금하고, 인도네시아 국기 게양 금지, 그리고 인도네시아 학교를 폐교하였다. 쁘라무디아는 일본이 인도네시아를 '한국화'하려고 했다고 한 바 있다.[12] 일본군은 현지인의 사소한 범죄에도 사형 선고를 내렸으며 서부 깔리만딴 지역에서는 초등교육 이상을 받은 주민들을 몰살했다. 그 중에는 인도네시아 민족주의자 중의 하나인 수또모의 동생도 있었다.

『도망자』에서 작가가 표출하고자 하는 것은 식민 통치에서 벗어나고자 하는 노력, 즉 자유로운 상황에 대한 갈망이며 그리고 여기에서 필연적으로 대두되는 인간애이다. 이 소설에는 다양한 유형의 인물이 등장한다. 각각의 등장인물들은 자신이 처한 상황에서 벗어나 나름대로 자유스러운 상황에 이르기 위하여 발버둥 친다. 주인공 하르도가 자신이 처한 어려운 상황에서도 반란 계획을 일본군 측에 밀고한 까르민을 포용하는 대목은 쁘라무디아가 그리고 있는 인간애를 잘 설명하고 있다.

쁘라무디아는 인간을 여러 각도에서 살펴보아야 한다고 했다. 완전히 긍정적이거나 부정적인 사람은 없으며, 긍정적인 부분과 부정적인 부분을 얼마간 공유한다는 말이다. 이는 아무리 선한 사람도 악한 측면이 있고 그 반대도 성립한다는 것이다. 하르도가 까르민을 용서하고 포용하려는 자세도 이러한 맥락에서 보아야 한다. 비록 자신들을 배반하고 일본군 측에 밀고하여 반란 계획이 수포로 돌아가고 가담자들이 쫓기는 처지가 되었지만 까르민을 단죄하는 것이 최선의 방법이 아니라는 것이다. 이와 같은 하르도의 관용적인 자세는 다음의 인용문에서 엿볼 수 있다.

"그리고 까르민, 너는 우리에게 돌아와야 해. 나는 자네의 반역에 대하여

12 Pramoedya Ananta Toer, 1983, "Perburuan 1950 and Keluarga Gerilya 1950" in *Indonesia*, no.46. pp.30-31.

단죄할 뜻이 없네 …… 나는 자네와 이야기하고 싶어. 얼마나 오랫동안 우리 대화가 없었는가? 까르민, 전에 자네는 우리와 함께 했어. 지금 그러한 자세는 어디 있나? 나는 자네를 나무라는 게 아니야. 나는 여전히 자네의 준비된 자세를 기다리고 있네. 자네는 우리 대대에서 가장 뛰어난 소대장이었어. 자네의 통솔력은 대단했지."[13]

"까르민이 아프다고 생각해, 디뽀! 그렇기 때문에 그의 모든 행동도정상이 아닌 거야. 따라서 그러한 상황에서의 까르민의 반역 행위를증오하거나 단죄해서는 안 돼."[14]

인도네시아인들은 상대방이 실수를 저지르거나 책무를 소홀히 한 것은 자신의 이익이나 감정을 앞세웠기 때문이라고 여긴다. 그러나 이러한 개인의 이익이나 감정은 그릇된 것이 아니고 부족한 것에서 연유한다고 믿는다. 즉, 어떠한 실수를 저지른 사람은 죄인이 아니고 우둔한 사람이라고 여긴다는 말이다. 이것은 그가 아직 자신을 제어할 능력이 없다고 여기며 그러므로 이에 대한 반응으로서는 질책이 아니라 그의 무지함에 대한 측은함이라고 생각한다. 인도네시아인들은 이러한 상황을 '두룽 어르띠(未理解)'라고 하는데 아직 '성숙하지 못한 사람'이라는 의미이다. 이러한 미숙한 단계를 지나 개인의 이익이 나 감정의 지배를 받지 않고 공동체에서 자신의 책무를 다할 수 있는 사람은 '위스 다디 웡(Wis Dadi Wong)'이라고 한다. 이와 같이 미숙한 사람만을 우매한 사람으로 여기는 것이 아니라 자신의 능력을 과신하여 공동체에서 변혁을 꾀하려는 이상주의자나 남에게 무리하게 호혜를 베푸려는 사

---

13 *Perburuan*, p.27.

14 *Perburuan*, p.65.

람도 이러한 범주에 든다고 여긴다. 인도네시아인들은 이렇게 우매한 사람들에게는 관용을 베풀어야 한다고 믿는다.

이 소설에서 주인공 하르도가 표출하는 자유, 인간애, 관용 정신과는 다른 이미지를 표출하는 인물이 있다. 그는 닝시의 아버지 깔리왕안 읍장이다. 그는 일제의 지시에 따라 자신의 사위가 될 사람을 부추겨 일본군 측에 넘기려는 부정적인 인물, 즉 인간애와는 무관한 인물로 그려진다. 그리고 하르도의 아버지 까심은 자신의 자식을 수색하는 대열에 동원되어 고통을 받는다. 그러한 내적, 외적인 고통을 탈피하는 수단으로 노름에 빠지는데 이는 하르도의 자유와는 구별된다. 떼우는 하르도가 추구하는 자유를 "위로 향하는 자유", 그리고 까심이 집착하는 자유를 "아래로 향하는 자유"로 구분한 바 있다.[15]

앞에서 말한 바와 같이 이 소설에서 블로라 지역의 관습, 이슬람에서의 할례 의식 등 자바 문화를 들여다 볼 수 있다. 특히 그들의 중요한 문화유산인 와양(그림자극)에 대한 작가의 이해를 엿볼 수 있다. 람리의 할례 의식을 진행한 날 밤에 마을 사람들을 대상으로 와양 공연이 펼쳐진다. 이슬람에서는 할례를 받아야 진정한 무슬림이 된다고 여긴다. 따라서 이렇게 중요한 종교 의식에서 음식을 대접하고 와양 공연단을 초청하여 저녁내 공연을 하는 것이 일반적이었다. 인도의 양대 서사시 마하바라타와 라마야나를 토착화시킨 버전이 와양의 주요 스토리가 된다. 쁘라무디아 개인적으로는 숙질 간의 갈등과 전쟁으로 점철되는 마하바라타에 대하여는 부정적인 입장이다. 마하바라타의 영향으로 인도네시아 역사에 수많은 갈등과 반목, 전쟁이 있었다는 것

15 A. Teeuw, 1978, *Sastra Baru Indonesia*, p.232.

이다.

쁘라무디아가 의도했든 그렇지 않든 간에 이 소설에 등장하는 인물들을 마하바라타의 등장인물과 비교해볼 수 있다. 주인공 하르도는 마하바라타의 주인공 아르주나를 떠올리게 한다. 아르주나는 빤다와 가문의 5형제 중 셋째이며 지략형 영웅이다. 그는 여성에 헌신하는 인물로 자신의 연인 수바드라에 대한 헌신적이고 영원한 사랑으로 상징된다. 이 소설에서는 닝시에 대한 하르도의 사랑으로 갈음할 수 있다. 이 소설에서 배반자 까르민의 처리에 대한 하르도와 디뽀의 견해 차이를 엿볼 수 있다. 디뽀는 마하바라타의 비마와 비교된다. 비마는 아르주나의 형으로 투쟁을 우선시하는 강력한 힘의 이미지를 가진 인물이다. 소설에서는 일본에 대한 저항, 전쟁이 비마의 투쟁이다. 베반자 까르민은 마하바라타의 등장인물 까르나로 볼 수 있다. 까르나는 빤다놔의 일원임에도 대척점에 있는 코라와 편에서 싸운다. 결국은 아르주마에게 죽임을 당하지만 배반자라는 맥락에서 보면 이 소설에 등장하는 까르민과 같은 위치에 있다.

문학이 다른 예술 형식과 구별되는 요소는 문학의 형상화가 언어를 매재로 하는 언어적 형상이라는 것이다. 이처럼 문학이 언어를 표현의 매재로 삼는다는 사실은 문학적 형상과 생활의 형상 사이에 변별점이 있다는 것을 나타낸다. 그러나 문학적 형상과 생활 속의 형상은 서로 밀접한 관계를 가지고 있다. 왜냐하면 문학적 상상은 온전히 작가의 주관적인 상상력에서 창조되는 것이 아니라 생활 속의 형상을 본보기로 삼아 재창조한 것이기 때문이다. 이러한 관점에서 볼 때 쁘라무디아가 문학에 임하는 자세를 엿볼 수 있다. 그는 문학이 사회 현상에 관심을 가져야 하며 사회 발전에 기여할 수 있어야 한다고 믿는 작가이다.

문학은 전면에 있는 물체의 상을 그대로 옮겨 놓은 거울처럼 현실을 반영하지는 않는다. 현실이 문학 작품에 반영되기 위하여 창조적인 모양새를 갖춘 작가의 작품에 연결될 필요성이 있다. 제대로 형성된 작품은 진정한 세계상을 반영하는 문학 작품의 틀을 이루어낼 수 있기 때문이다. 쁘라무디아가 이상과 현실 사이에서 고뇌하며 전하고자 하는 메시지는 다름 아닌 민족에 대한 깨우침이다. 350년이라는 굴욕적인 피식민의 역사를 다시 한번 되새김질하는 이유는 단순히 역사적 사건을 되풀이하는 것이 아니라 그 사건에 형성된 '시적 깨우침(poetic awakening)'을 얻기 위함이다.[16]

---

16 G. Lukacs, 1962, *Historical Novel*, p.53.

IV

『인간의 대지』 4부작

1 / 시놉시스

1899년 중부 자바의 한 도시에 밍꺼라는 소년이 살았다. 밍꺼(Minke)라는 이름은 네덜란드 통치하의 초등학교에서 네덜란드인 선생님이 현지인을 경멸하는 말인 영어 "monkey"에서 유래한 말이다. 밍꺼는 부친이 군수인 관계로 유복한 환경에서 자랐고 전통대로라면 그도 군수가 될 수 있었다. 밍꺼는 학교에서 자유주의 신봉자인 막다(Magda Peters)선생의 귀여움을 받았고 또한 그 선생님의 영향을 받았다.

어느 날 밍꺼는 학교 혼혈인 친구인 로버트 수르호프(Robert Suurhof)의 권유로 온또소로 부인의 집에 놀러 간다. 온또소로 부인은 네덜란드인의 현지처인데 그녀는 자기 아버지가 출세할 목적으로 팔려온 신세이나, 그 후 남편(Herman Mellema)의 도움으로 교육도 받고 경영일도 배워서 이제는 혼자 모든 농장일을 해내는 억척스런 사업가가 되었으며 네덜란드인 남편 사이에 로버트 멜레마(Robert Mellema)라는 아들과 아넬리스(Annelies)라는 예쁜 딸을 두었다. 그러니까 로버트 수르호프는 로버트 멜레마와 친구 사이이다. 사실 당시의 관습상 토착인인 밍꺼가 유럽인이 주인인 집을 방문하는 일은 매우 이례적인 일인데 그것은 당시에 유럽인과 토착인 사이에는 신분상 차별이 있었

『인간의 대지』 표지

『인간의 대지』 영역본 표지

기 때문이다. 밍꺼는 온또소로 부인과도 인사를 나누게 되며 이때 세련된 부인의 매너가 밍꺼에게 깊은 인상을 주게 된다. 그 이유는 온또소로 부인이 토착인 여자에게서는 볼 수 없었던 개방적인 사고을 소유했으며 유럽인과 사는 여자가 주는 천박함, 교만함이 없었기 때문이다. 물론 밍꺼는 부인의 딸인 아넬리스와도 인사를 나누고 이야기를 나누게 되는데 밍꺼는 첫눈에 그녀에게 반했다. 아넬리스 역시 밍꺼에게 호감을 갖는다.

온또소로 부인은 자기 딸과 밍꺼와의 사랑을 전적으로 지지하고 도와준다. 밍꺼는 본인 하숙집 근처에 사는 화가 장 마레와 깊은 우정을 나누는 사이이다. 장은 프랑스인으로 수마트라 반란을 진압하려는 네덜란드군에 용병으로 왔다가 전역하고 그림을 그려 먹고사는 사람이다. 장에게는 메이라는 어린 딸이 있다. 불구인 장은 밍꺼의 도움으로 그림 주문을 받는다. 아넬리스를 만나고 온 후 하루는 온또소로 부인에게서 전갈이 왔다. 아넬리스가 밍꺼를 너무 보고 싶어 하니까 자기 집으로 와 달라는 것이었다. 밍꺼는 짐을 옮겨서 온또소로 집에서 등하교를 하게 되며, 토착인을 싫어하는 아넬리스의 아버지와 오빠한테는 배척을 당하게 된다.

아넬리스의 아버지는 네덜란드에 있는 본처 소생 아들의 연락을 받은 후 충격을 받아 거의 폐인이 다 되었다. 본처에 대한 의무를 다하라는 아들의 질타에 양심의 가책을 받았기 때문이다. 그는 중국인 아쫑의 꾀임에 빠져 결국은 아쫑이 소유하고 있는 윤락가에서 죽고 만다. 아넬리스의 오빠 로버트 멜레마는 혼혈인으로서 모든 토착인을 미워하며 심지어는 자신의 어머니까지 미워한다. 그는 친동생인 아넬리스를 근친상간하는 등 악의 구렁텅이에 빠진 후 배를 탄다고 나가 행방불명이 된다. 그 후 고질적인 성병에 걸려 타국에서 죽는다.

한편 밍꺼는 온또소로의 영향으로 자유주의적이고 개방적인 사상을 갖게 되며 아버지와 같은 봉건적인 관리는 되지 않겠다고 다짐한다. 밍꺼는 또한 아버지의 부름으로 고향에 와서 아버지의 승진 행사에 참석하게 되는데 이때 유창한 네덜란드어로 통역하여 허버트라는 네덜란드 관리의 마음을 사로잡게 되고, 그를 통하여 자유주의 사상을 가진 그의 딸들과도 알게 되어 대화를 통하여 자신의 의식을 깨워 나간다.

한편, 밍꺼의 부친은 아넬리스가 네덜란드인의 현지처의 딸이라는 이유로 그녀와의 교제를 반대하였으나 결국 허락하게 된다. 밍꺼와 아넬리스는 아직 결혼은 하지 않았지만 거리낌 없는 사랑의 관계를 유지하여 여러 사람의 입에 오르내리게 되었으며, 이는 당시의 교칙에도 위반되는 것이어서 학교로부터 퇴학 처분을 받게 된다. 이 배후에는 밍꺼의 친구인 로버트 수르호프의 간계가 작용되기도 하였는데 그 이유는 그도 아넬리스를 마음에 두고 있어 강한 질투심과 패배감을 느꼈기 때문이다.

밍꺼는 주위의 여러 깨인 사람들의 영향으로 이미 선각자적인 의식을 가지고 있었다. 그는 서구의 지식이 필요하다는 사상을 견지하며 인본주의를 옹호하는 글을 신문에 실어 많은 사람의 호응을 얻게 되고, 특히 은사인 막다 선생의 칭찬을 받는다. 이 여파로 밍꺼는 막다 선생의 강력한 호소로 다시 복교하게 되며 전국에서 2등이라는 우수한 성적으로 학교를 졸업한다. 아넬리스는 친오빠에게 근친상간을 당하는 등의 불행을 겪었으나 이를 극복하고 어머니 밑에서 일을 배워 훌륭히 어머니를 보좌하여 농장 일을 해 나간다. 밍꺼 졸업 후 그들은 무슬림 식으로 결혼을 한다.

이들 신혼의 단꿈은 네덜란드에서 온 법원 판결문으로 산산히 부서지고 만다. 아넬리스의 이복형제이며 헤르만 멜레마의 장자인 모리스 멜레마가 모든 재산권 및 아넬리스에 대한 후견권까지 요구하였고, 이 요구가 법원에서 받아들여졌기 때문이다. 헤르만 멜레마가 아쫑의 윤락가에서 죽은 후 그의 장자가 모든 권한을 부여받았던 것이다. 법적으로 부부 관계가 아닌 온또소로는 자기가 이룩한 재산을 차지할 수 없게 되었다. 밍꺼는 이슬람의 율법에 따라 결혼했으나 토착인과의 결혼이며 아넬리스가 아직 성년이 아니라는 이유로 이 결혼이 인정되지 않았고, 결국에는 법적 후견인으로 생면부지의 이복 오빠가 친권을 행사하게 되었다. 아넬리스한테 할당된 재산도 역시 그가 관리한다는 부당한 판결이 나왔다. 이것은 물론 아버지에 대한 모리스 멜레마의 복수심에서 나온 것이었다.

그래서 아넬리스는 네덜란드로 옮겨가야 하는 운명에 처했다. 물론 사랑하는 남편과 헤어져야 했고 결국 자신의 모든 것을 포기해야하는 것이었다. 이 부당한 판결에 맞서서 밍꺼와 온또소로가 탄원해 보았지만 거대한 공룡과 같은 식민 통치 정부의 법 앞에서 그들은 아무것도 얻을 수 없는 나약한 존재임을 확인할 뿐이었다. 서구의 선진 학문을 숭배하던 밍꺼로서는 그들의 이율배반적인 법 질서에 깊은 실망감을 느끼게 되며 결국 자신의 힘을 키우는 것이 중요하다는 것을 인식한다. 아넬리스는 생을 포기하듯 사랑하는 남편과 어머니를 남겨두고 네덜란드로 향하는 배에 몸을 싣는다(『인간의 대지』 1부 줄거리).

그 후 아넬리스는 네덜란드에서 병사하게 되고 밍꺼는 스토비아(STOVIA)라는 의학교에서 교육을 받는다. 이때 밍꺼는 중국에서 온 앙 산 메이를 만나게 되는데 그녀는 중국에 공화국을 건설하려고 노력하는 단체의 일원으로서 밍꺼에게 민족의 의미를 다시금 일깨워 준다. 밍꺼는 그녀와 재혼하게 되지만 그녀 역시 객사하고 만다. 밍꺼는 그 후 이슬람 동맹이라는 조직을 결성하고 언론 활동을 통하여 우매한 동족의 계몽 및 식민 통치의 불합리한 요소를 비판하는 운동을 전개해 나가며 까시루따라는 여인과 만나게 되어 다시 결혼하나 그 후 의문의 죽음을 당하게 된다.

2 / 인도네시아 역사소설의 새로운 이정표

쁘라무디아만큼 역사에 관심을 가지고 있는 작가도 드물 것이다. 물론 그가 1960년대 초에 유레카대학에서 역사를 가르친 적이 있기도 하지만 작품을 통해 표출되는 인도네시아 역사에 대한 그의 견해는 통찰력이 있는 것이었다. 쁘라무디아는 특히 인도네시아 역사가들이 소홀히 한 20세기 초의 민족주의 운동에 각별한 관심을 보였는데 『인간의 대지』 4부작을 통하여 인도네시아 민족주의 운동의 일익을 담당한 것으로 평가되는 '이슬람동맹'(Sarekat Islam)의 산파역을 한 띠르또 아디수르요의 행적을 부각시킨 점이다.

이슬람동맹 휘장

인도네시아 역사가들은 이슬람 동맹 운동에서 사만후디를 더 비중 있게 여겨 왔는데 그것은 링커스(D. A. Rinkes)와 같은 식민 통치국 자문관들의 보고서를 검증 없이 신뢰한 식민주의 사관의 발로이다. 띠르또 아디수르요는 인도네시아의 '언론의 아버지'로 여겨지는 토착 언론인으로서 최초의 말레이어 주간지인 『메단 쁘리야이』를 창간하였고 식민 통치 정부에 대하여 비판적인 논조를 유지하였다.

쁘라무디아에 의하면 이러한 띠르또 아디수르요의 자세가 식민 통치 정부의 고문관들로 하여금 띠르또 아디수르요를 민족주의자 집단과 괴리가 있는 듯한 보고서를 작성하게 만들었다는 것이다. 또한 당시의 이덴뷔르흐 총독은 본국에 보내는 문서에서 인도네시아의 민족주의 운동이 반 네덜란드적인 성격의 운동이 아니라는 보고를 한 바 있는데 이것은 영국이 지배하던 인도의 상황과는 대조적인 것이었다. 당시 인도에서는 영국 상품을 불매하고 영국 정부에 대한 저항을 한 데에 반하여 인도네시아의 이슬람동맹은 식민 통치 정부에 충성을 하고 이 단체의 지도자들이 오히려 자문을 구했다. 쁘라무디아는 이 운동의 주도권이 솔로 지역 등의 상인들의 손으로 넘어가면서 반식민 통치 기조에서 반중국인 운동으로 변질되었다는 견해를 피력한 바 있다.

역사는 하나의 사실이며 사실로 증거해야 하는 속성이 있다. 따라서 역사가는 이미 일어난 적이 있는 사실에 얽매일 수밖에 없다. 달리 말하면 그는 사료의 해석에 자유로울 수 없다는 말이다. 그러나 역사소설을 쓰는 작가는 역사가에 비하여 훨씬 자유롭게 사료를 대할 수 있다. 즉, 역사 소설가는 실제 역사적 사실과는 다르더라도 작품을 통하여 인간의 실존에 대한 의미를 부여할 수 있어야 한다. 데이셔스(D. Daiches)가 말한 대로 창작인으로서 역사소설가는 자신이 인지하고 있는 역사적 사건이나 상황을 단순히 모사하거나 설명하는 것이 아니고, 이야기의 진위 여부를 떠나서 자신의 작품을 통하여 역사적 상황이나 사건의 본질적인 면을 밝힌다. 쁘라무디아는 『인간의 대지』 4부작 이외에도 『역류』(1995), 『아록과 데데스』(1999) 등의 역사소설과 인도네시아의 여성 선각자 까르띠니(R.A. Kartini)의 전기 『나를 까르띠니라고 불러주오 (Panggil Aku Kartini Saja)』(1962)를 썼다. 쁘라무디아의 작품 안에서의 역사가 차지하는 위치는 단순한 장식품이 아니고, 역사의 재음미를 통하여 새로운 문제를 제기하며 이를 다시 연구하고 수정키 위한 것이다. 그는 단순히 과거의 영광을 그리워하는 것이 아니라, 이를 반추함으로써 더 나은 미래를 그려 보고자 하는 것이다. 그에게 있어서 역사는 가장 맑은 거울이며, 좀 더 나은 미래를 건설하기 위한 가장 믿을 만한 참고 대상이다. 쁘라무디아는 역사의 결에 솔질을 하고 싶어하는 작가이다. 참된 역사소설이란 과거를 우리에게 끄집어 와서 그 진정한 상황을 맛볼 수 있게 하는 것이라는 루카치의 견해에 비추어 볼 때 쁘라무디아의 역사소설은 이 원칙을 고수하고 있다고 하여도 좋을 것이다.

소설이 특정한 시대의 사회상을 반영한다고 본다면 역사소설은 더욱 그러하다. 루카치는 진정한 역사소설은 지나간 시대를 현재로 끄집어 와 우리가 지나간 역사의 실체와 진정한 의미를 깨닫게 하는 것이라고 했다. 여기에서 역사와 역사소설의 경계는 분명하다. 역사가 지나간 시대의 '사실(fact)'

『나를 까르띠니라고 불러주오』 표지

라고 한다면 역사소설은 어디까지나 '허구(fiction)'이다. 그러니까 '역사'가 아니고 '소설'에 방점이 찍히는 것이다. 그러니까 역사소설은 작가가 특정한 시대의 사건이나 인물을 모델로 그려 내는 소설이다. 여기에서 작가는 특정한 인물이나 사건에 변화를 줄 수도 있다. 특정 인물의 일대기를 쓴 것이라면 그것은 역사소설이 아니고 특정 인물에 대한 전기 수준에 머물 것이다.

이와 같은 맥락에서 살펴보면 역사학자와 역사 소설가가 하는 작업은 다르다. 역사학자는 역사의 해석, 역사적 기록과 사실의 부합 여부 등에 관심을 갖는다. 하지만 역사 소설가는 그보다는 자신이 전하고자 하는 메시지를 어떻게 그의 소설 안에 녹여 낼 것인지를 고민한다. 따라서 역사소설을 읽는 독자들은 역사소설에 등장하는 사건이나 인물이 실제로 존재했는가 혹은 역사적 사실에 얼마나 근접하는지를 파악해보려는 것이 아니고 작가의 메시지가 무엇인가를 탐구한다.

인도네시아 문학장에서 역사소설의 효시는 1929년 다요(M.R. Dayoh)의 『스페인과 미나하사인 간의 전쟁(Peperangan Orang Spanyol dan Orang Minahasa)』이다. 이 소설은 1643년부터 몇 차례 있었던 미나하사인의 스페인 군에 대한 전쟁을 다루고 있다. 1934년에는 누르 수딴 이스깐다르가 『왕의 호위대장(Hulubalang Raja)』을 출간했다. 이 소설은 17세기 미낭까바우 남부 지역의 왕들 사이의 갈등을 그리고 있다. 압둘 무이스는 네덜란드 식민 통치 정부에 저항한 인물 수라빠띠를 모델로 1942년에 『수라빠띠(Surapati)』를 펴냈다.

1980년 쁘라무디아가 인간의 대지 4부작 중 1편인 『인간의 대지』를 발표함으로써 그가 역사에 지대한 관심을 가지고 있다는 사실을 드러냈다. 쁘라무디아는 1960년대 초반에 인도네시아 민족주의의 태동기인 20세기 초부터 독립을 맞는 1945년까지를 배경으로 인도네시아인들의 식민 통치에 대한 투쟁을 주제로 일련의 소설을 쓰려고 했다. 쁘라무디아는 이러한 소설이 필요한 것은 당시 학교의 교육이 인도네시아가 독립에 이르는 과정에서 조국에 대한 사랑이나 민족의식을 충분히 가르치지 못한다고 생각했다. 작가는 이러한 조국에 대한 사랑이 국가의 근간을 세우는 데 중요한 요소라고 여겼다.

1965년의 이른바 '9·30사태'는 그동안 쁘라무디아로 하여금 글을 쓸 수 없는 상황으로 만들었다. 앞에서 이야기한 대로 그는 수하르토 정부 당국에 의하여 구금되었으며 그가 그동안 이러한 소설을 쓰려고 수집한 중요한 자료들도 모두 압수당했다. 영어의 몸이 된 쁘라무디아로서는 안타까운 일이었다. 부루섬에 유폐되었을 때 쁘라무디아에게 집필이 허가되지 않았다. 쁘라무디아는 자신이 구상했던 스토리를 잊지 않기 위해 동료 수감자들을 모아놓고 자신이 쓰고자 했던 소설의 줄거리를 들려주었다. 유폐 생활 8년이 지난 1973년 수미뜨로(Soemitro) 치안질서회복작전사령관이 부루섬을 방문하고 쁘라무디아를 면담했으며 그에게 타자기 한 대를 제공하고 집필을 허가했다. 하지만 쁘라무디아가 쓴 모든 글을 정부 당국에 제출해야 했다. 쁘라무디아는 타자가에 먹지를 사용하여 집필한 후 원본은 제출하고 사본을 자신이

『열방의 아들』 표지

『발자취』 표지

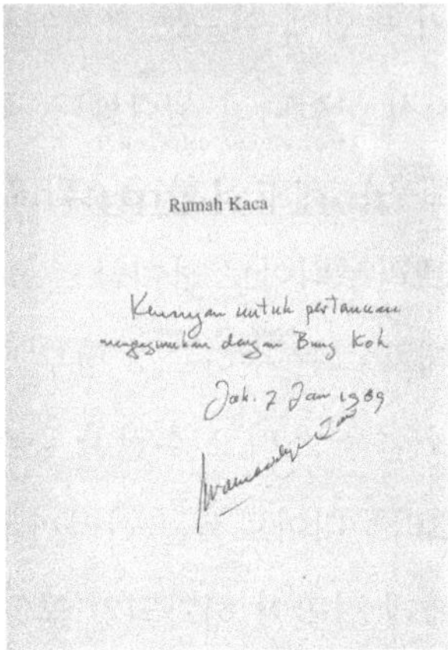

쁘라무디아 선생의 친필 서명

『유리집』 표지

보관했다.

'부루 4부작'으로도 불리는 인간의 대지 4부작은 1898년부터 1918년까지의 기간을 배경으로 한다. 이 시기는 대체적으로 인도네시아의 민족주의 운동이 태동하고 발전한 시기이다. 1편 『인간의 대지』는 엄혹한 네덜란드 식민 통치하에서 처절한 삶을 이어가는 인도네시아 토착인들의 애환을 그리고 있다. 특히 주인공 밍꺼와 아넬리스의 사랑 이야기가 돋보인다. 2편 『열방의 아들』은 20세기 초 인도네시아 토착인들의 민족의식의 태동을 폭넓게 설명한다. 3편 『발자취』은 민족의식 운동의 장치인 관련 조직의 설립과 운영을, 그리고 4편 『유리집』은 시점을 바꾸어 식민 통치 정부가 민족주의 운동에 참여하는 토착인들의 일거수일투족을 감시하는 이야기이다.

쁘라무디아가 이 소설에서 인도네시아 민족의식 태동기를 부각시킨 것은 소설의 장식으로 사용하기 위한 것이 아니라 자신의 견해를 바탕으로 이 문제를 다시 해석하고 재조명하기 위함이다. 쁘라무디아는 그동안 인도네시아 정사에서 일반적으로 인식돼 온 역사적 해석에 대하여 반기를 들었다.[1] 예를 들면 이 소설의 주인공 밍꺼는 인도네시아 민족주의 운동의 선구자 띠르또 아디수르요(Tirto Adhisoerjo)를 모델로 한 것이다. '인도네시아 언론의 아버지'로 추앙받는 그의 민족주의 운동은 그동안 다소 배제된 감이 없지 않다. 다시 말하면 1906년에 이슬람동맹(Sarekat Islam) 운동으로 시작한 그의 민족주의 운동은 그보다 2년 뒤에 시작된 수또모 등이 주도한 부디 우또모(Budi Utomo)운동에 빛이 가려진 느낌이다.

부디 우또모 휘장

1906년에 띠르또 아디수르요가 이슬람동맹 운동을 통하여 네덜란드 식민 통치하에서 민족의식을 고취하고 민족주의 운동을 한 것은 사실이다. 이에 대하여 아키라 나가주미(Akira Nagazumi) 등 여러 학자들이 그것이 사실임을 말하고 있다. 다음에 좀 더 자세히 언급하겠지만 2년 먼저 시작한 띠르또 아디수르요 주도의 민족주의 운동이 배척된 것은 수하르토 정권 설립 후 철저하게 반공으로 돌아선 인도네시아 정부가 이슬람 동맹 운동이 결국에는 인도네시아 사회주의나 인도네시아 공산당과 연결 고리가 있다고 보았기 때문이다. 그러나 쁘라무디아 생각은 다르다. 그 뒤에 공산당과 연결 고리가 있든 없든 간에 이슬람 동맹 주도의 민족주의 운동 자체가 조명을 받지 못하는 것은 옳지 않다고 본 것이다. 여기에 쁘라무디아와 기존의 인도네시아 역사학자들과의 괴리가 있는 것이다. 쁘라무디아는 1965년 수하르토 정권에 의하여 유폐되기 전까지 대학에서 역사와 문학을 가르쳤다. 그때 수집

---

1 Ariel Heryanto, "Jejak Langkah Sang Pemula," Pramoedya (ed.) *Dokumentasi Pramoedya Ananta Toer dan Karyanya*: 1986-1987, p.230.

하고 연구한 자료들이 그에게 역사를 재조명하고 재해석하라는 용기를 주게 된 것이다.

인도네시아 민족주의 운동의 기존의 해석에 대한 쁘라무디아의 재해석은 단순한 거부로 보기 어렵다. 그것은 자신의 민족에 대한 새로운 비전을 가진 견해를 제시한 것이다. 쁘라무디아는 계속적으로 외세에 의한 패배를 경험하는 자신의 민족 역사를 심각하게 바라보았다. 자바인들이 역사를 단순히 반복을 계속하는 하나의 사건으로 보는 것에 대한 반발이었다.[2] 그렇기 때문에 그가 부담이 될 뿐인 기존 자바인들의 역사에 대한 시각에서 벗어나려는 시도는 참신하다. 쁘라무디아는 이 소설을 통하여 민족의식 태동기와 관련한 자신의 해석을 표출하고 있다. 이와 관련하여 쁘라무디아는 다음과 같이 언급하였다.

> 작가는 자신의 작품에 자신의 생각을 털어놓는다. 그는 역사를 소설에 단순히 옮겨놓는 것이 아니고 자신의 견해를 실어 역사를 다시 부활시킨다.[3]

인간의 대지 4부작은 인도네시아 역사소설의 새로운 지평을 열었다고 평가된다. 쁘라무디아는 이 소설에서 그동안 인도네시아 작가들이 다루지 못한 주제에 손을 댔다. 그는 식민 통치 정부에 대한 저항, 부정적인 측면의 민족 문화, 민족주의 운동, 그리고 전환기 여성의 역할에 대하여 명료한 입장

---

2 Ben Anderson, 1990, *Language and Power: Exploring Political Cultures in Indonesia*, pp. 33-35. "*Traditional Javanese sense that history does not come to an end, that messiahs are only for their time, and that the primordial oscillations of power will continue as before.*"

3 1991년 6월 17일 Pramoedya Ananta Toer와의 인터뷰.

을 표했다. 이러한 쁘라무디아의 입장은 『인간의 대지』 4부작 이전의 소설에서도 근간을 이루는 인간에 대한 사랑, 즉 인도주의가 그 배경으로 깔려있다. 다시 말하면 인도주의를 근간으로 식민 통치 정부의 부당함에 대하여 저항하고, 하층민에 대한 배려가 부족한 자바 문화의 부정적인 측면을 지적한다. 더불어 민족주의의 전제 조건은 식민 통치 상황에서 벗어나는 것이므로 민족의식의 발흥을 독려하기 위한 민족주의 운동 전개와 여성의 인권이 존중돼야 한다는 차원에서 여성의 역할이 강조된다.

좋은 문학은 개인과 공동의 삶을 재창조한다. 그만큼 문학 텍스트에 영향력이 있다는 말이다. 쁘라무디아는 이러한 맥락에서 독자에게 인도네시아

땅에서 식민 통치 세력이 토착인을 착취한 사실을 상기시키고자 한다. 그리고 식민 통치의 부당함과 식민 통치 세력의 잔혹함을 그려낸다. 그는 이러한 과정이 인도네시아라는 땅이 그곳에서 살아가는 사람들에게 진정한 "인간의 대지"가 되는 초석이라고 믿었다. 쁘라무디아는 인간의 대지를 인간이 제대로 된 자신의 역할을 하는 무대로 보았다. 대지가 소멸되지 않는 한 그곳을 살아가는 인류는 영원하다. 야꿉 수마르조(Jakob Sumardjo)는 "역사소설은 독자들로 하여금 자신이 속한 민족의 뿌리를 되돌아보게 한다. 작가의 경험 등을 통하여 민족의 뿌리와 정체성을 느끼게 한다."라고 했다. 이러한 배경에서 역사소설 인간의 대지 4부작이 출간되었다. 기존의 인도네시아 역사소설이 지나간 역사를 반추하는 차원에 머물렀다면 이 소설은 인도네시아가 겪은 패배와 질곡의 역사를 분석하고 그에 대한 반성과 타개책을 제시했다. 이러한 관점에서 볼 때 『인간의 대지』 4부작이 인도네시아 역사소설의 새로운 이정표를 제시했다고 해도 전혀 어색하지 않다.

3 / 변별적인 작중 인물들

1) 주인공 밍꺼 – 동·서 문화의 접점

인간의 대지 4부작의 주인공은 밍꺼이다. 밍꺼는 '인도네시아 언론의 아버지'로 추앙받는 띠르또 아디수르요(R.M. Tirto Adhisoerjo)를 모델로 쁘라무디아가 그려 낸 인물이다. 작가는 밍꺼를 통하여 인도네시아 국민들의 고통, 식민 통치 세력에 대한 저항, 자국의 부정적인 측면의 문화, 그리고 민족의식에 대한 자신의 메시지를 담아 이 소설에 드러내고 있다. 밍꺼는 자바 출신으로 군수의 아들이며 네덜란드 학교에서 서양식 교육을 받은 인물이다. 소설에서 'B'로 표시된 그의 출생지는 블로라이다. 이는 쁘라무디아, 밍꺼, 띠르또 아디수르요 세 인물이 공유하는 바가 있음을 시사한다. 세 인물은 모두 블로라 출신이고 바타비아(자카르타)에서 경력을 쌓았으며, 민족주의자, 소시민 계층의 비호자, 식민 통치 정부의 탄압을 받은 자, 왕성한 집필가라는 공통점이 있다.

당시 자바의 전통대로라면 밍꺼는 아버지와 같은 군수가 될 수 있었다. 자바 사회에서 군수는 명예와 부를 보장하는 지위였다. 하지만 밍꺼는 이를 거부하고 자신의 민족이 식민 통치 상황을 벗어나는 데 헌신하기로 마음먹었다. 밍꺼의 이러한 생각에 영향을 준 것은 서구식 교육과 자유주의 사상을 지닌 몇몇 인물들이다. 당시 네덜란드 정부는 그들의 식민 통치에 각 지역의 군수를 활용했다. 식민 통치 정부로서는 자신들의 정책을 잘 따르고 수행하는 행정 관료가 중요했다. 네덜란드 정부는 현지 행정 관료에게 적당한 지위를 보장하고 식민 통치 정부에 복종하게 만들었다. 밍꺼는 이 점을 일찍이 인식하고 자신에게 보장된 군수직을 포기하고 식민 통치 정부에 대한 저항을 시작하게 된 것이다.

"…… 너도 훗날 그와 같은 높은 지위에 오를 거야. 그건 확실해. 네 아버지는 자바어 밖에 몰랐어. 너는 네덜란드어도 하잖아. 너는 네덜란드 학교 학생이야. 네 아버지는 초등학교만 졸업했어. 너는 네덜란드 사람들과 폭넓은 교제를 하고 있어. 네 아버지는 그렇지 못해. 너는 다음에 반드시 군수가 될 거야."

"아닙니다, 어머니. 저는 군수가 되기를 원하지 않아요."

"뭐라고? 이상한 일이구나. 그래 좋을 대로 해라. 그럼 너는 훗날무엇이 되고 싶은 거냐? 졸업하면 무엇이든 원하는 것이 되겠지."

"저는 자유로운 인간이 되고 싶어요. 누구에게 명령 받지도 않고 누구를 명령하지도 않는 그런 사람요, 어머니."[4]

밍꺼는 모순적인 인물이다. 정확히 말하면 문화적인 측면에서 동양과 서양의 문화를 동시에 수용하는 인물이다. 그는 봉건적인 자바 출신의 부모를 두었으며 서구식 교육을 받았다. 자바 문화를 수용하지만 교육을 통해 습득한 서구의 이성적이고 합리적인 문화를 존중한다. 즉, 그는 동·서양문화의 접점이라고 할 수 있다. 여기에서 밍꺼에게 영향을 끼치는 인물이 여럿 있는데 그중에서 냐이 온또소로(Nyai Ontosoroh)가 대표적이다. 냐이 온또소로는 자신의 아버지에게 팔려 네덜란드 사람의 현지처가 된 인물이며 밍꺼의 장모

4 *Bumi Manusia*, pp.122-123.

이다. 그녀는 남편의 교육 덕분에 서구식 사고 방식으로 농장을 경영하게 된 등장인물이다. 밍꺼가 서양 학문의 중요성을 인지하게 되는 것은 냐이 온또소로의 영향을 빼놓을 수 없다. 말하자면 냐이 온또소로가 밍꺼가 필요한 것을 인식하게 하는 촉매가 된 셈이다. 따라서, 이 소설에서 밍꺼와 냐이 온또소로와의 만남은 큰 의미가 있다. 이에 대하여 키스 파울처(Keith Foulcher)는 다음과 같이 언급했다.

> 밍꺼와 냐이 온또소로 및 그녀의 환경과의 접촉은 근대 세계에 대한 그의 찬사와 자바에 대한 중대한 변화의 씨앗을 확인시켜준다. 첫 만남에서 그는 냐이 온또소로의 꾸밈없는 옷차림과 그녀의 하인들에게 봉건적인 행동이 없는 것과 같은 세부 사항에 대해 만족스럽게 반응했다.[5]

봉건적이고 부정적인 측면의 자바 문화를 떨치는데 밍꺼의 정신적인 상황이 고통스럽지 않은 것이 아니었다. 밍꺼의 생모는 밍꺼로 하여금 자랑스러운 쁘리야이 계층(관료)의 후예로서 조상들의 전통과 관습을 잊어서는 안 된다는 점을 강조했다. 이러한 압력은 자바 문화의 부정적인 측면을 부담으로 생각하던 밍꺼에게 갈등을 불러일으킬 수밖에 없었다. 그러나 밍꺼는 서로 다른 두 개의 문화의 긍정적인 측면을 수용한다. 이 소설에서 밍꺼가 자바 문화의 상징인 자신의 생모와 서구적인 사고로 농장을 운영하는 장모 냐이 온또소로를 동시에 존경하고 그들의 가르침을 따르는 것은 자신이 두 문화의 접점이라는 것을 상징한다.

---

5 Keith Foulcher, 1981, "Pramoedya Ananta Toer and the Indonesian Consciousness: Some Considerations," in Seminar Bahasa dan Sastra Indonesia, 19-22 August, Pacet, p. 2.

뻐라무디아는 이 소설에서 기존 인도네시아 역사학자들의 인도네시아 민족주의 운동 해석에 대한 반기를 들었다. 앞에서 이야기한 바와 같이 뻐라무디아는 인도네시아 언론의 아버지로 추앙받는 민족주의자 띠르또 아디수르요를 모델로 주인공 밍꺼를 그려냈다. 뻐라무디아가 1965년 '9·30사태' 이전에 뻐라무디아는 대학에서 역사를 가르친 경험이 있다. 인도네시아 역사에 대한 문외한이 아닌 그의 해석에 관심을 가져볼 만한 이유이다.[6]

이 소설에서 밍꺼는 인도네시아 민족 운동의 선구자로 그려진다. 20세기 초 네덜란드 식민 통치하의 인도네시아 사람들이 민족의식을 고취하는 데 있어서 견인차의 역할을 한다. 뻐라무디아는 인도네시아 민족 운동사를 재조명했다. 일반적으로 인도네시아 민족주의 운동의 효시는 1908년에 시작된 부디 우또모라는 조직이 시작했다고 알려져 있다. 그러나 뻐라무디아는 부디 우또모 운동보다 2년 먼저 시작된 이슬람 동맹 운동이 인도네시아 민족의식의 싹을 틔웠다고 주장한다. 이 소설의 해석에 의하면 부디 우또모는 자바와 마두라 지역에 국한된 조직이었다. 이 조직이 사용한 언어가 당시 교통어의 역할을 하던 말레이어가 아니고 자바어와 네덜란드어였다는 점도 시사하는 바가 있다.

그리고 뻐라무디아는 이 조직은 토착인 서민들의 이익보다는 식민 통치 정부나 토착인 봉건 귀족의 이익을 더 중요시했다고 보았다.[7] 조금 더 들어가 보면 부디 우또모는 독립을 요구한다거나 식민 통치의 부당함을 문제시하는 등의 당시의 정치적인 이슈에는 손을 대지 못한 것으로 보았다. 이에 비하여 조직의 구성원을 전 인도네시아 사람으로 하고 당시 인도네시아 전역

---

6 이에 관하여는 6. 민족의식의 태동에서 자세히 설명한다.

7 Pramoedya가 1987년 2월 6일 암스테르담대학의 Marjanne Termorshuizen-Arts에게 보낸 편지 참조.

에서 통용되었던 말레이어를 조직의 통용어로 삼은 이슬람 동맹 운동은 변별적이다. 이 소설에서 이러한 민족주의 운동의 중심에 있는 인물이 바로 주인공 밍꺼이다. 작중 인물 밍꺼가 주는 메시지는 그동안 인도네시아 역사 소설에 등장하는 여느 인물의 그것보다 강렬하다. 이러한 밍꺼의 이미지가 『인간의 대지』 4부작을 돋보이게 한다.

2) 냐이 온또소로 – 억압에 단련된 여성상

인간의 대지 4부작은 네덜란드 식민 통치 시기에 인도네시아 토착인들이 민족의식에 대한 관심을 다룬 소설이다. 쁘라무디아는 이러한 과정에서 여성의 역할을 과소평가하지 않았다. 그가 만들어낸 여성은 오히려 인도네시아 민족이 직면하고 있는 도전적인 상황에서 극복하는 역할을 할 인물을 만드는 데 있어서 중요한 역할을 한다. 쁘라무디아가 이 소설에서 만들어 낸 여성은 다소 전설적인 인물이지만 그가 의도하는 것은 여성들에게 민족의 운명이 그들의 손에 있다는 것을 의식시키고자 함이다.

냐이 온또소로는 어찌됐건 서양인 남편으로부터 근대식 교육을 받고 큰 농장을 경영하는 인물이다. 더 이상 그녀는 유럽인의 현지처라는 조롱과 멸시를 받는 대상이 아니라 지역 사회의 존경을 받는 인물이 되었다. 현지처가 되기 전 그녀의 이름은 사니깜이다. 사니깜의 아버지 사스뜨로또모는 본인이 직장에서 승진할 목적으로 딸 사니깜을 네덜란드 사람 헤르만 멜레마에게 현지처로 팔아넘겼다. 헤르만 멜레마의 관심과 교육으로 냐이 온또소로는 워노끄로모의 농장을 성공적으로 관리하고 발전시켰다. 더욱이 헤르만 멜레마가 폐인이 된 후 농장은 전적으로 냐이 온또소로와 그녀의 딸 아넬리스가 운영했다. 냐이 온또소로는 이미 억압에 굴하지 않는 자존감을 가진 자유인이 되었다.

이 소설에는 주인공 밍꺼를 포함하여 100명 이상의 인물이 등장한다. 그중에서도 기존 인도네시아 소설에 등장하는 인물과 변별적인 이미지를 가진 인물이 바로 냐이 온또소로이다. 소설에서 보여주는 냐이 온또소로의 인상적인 행위는 사실은 자신을 팔아넘긴 아버지에 대한 복수심에서 시작된다. 그리고 불합리한 식민 통치 정부의 정책과 봉건적인 자바 문화의 부정적인 측면에서 유발된 복수심이 그녀를 단련시키고 결국 억압받을수록 일어서는 인물이 되었다.

주인공 밍꺼가 성공적인 민족주의 운동을 하는 데 영향을 끼친 사람 중의 하나가 냐이 온또소로이다. 자신의 사위 밍꺼에게 아넬리스는 자신이 배운 자유, 정의에 대하여 이야기하여 불의에 대하여 저항해야 함을 일깨운다. 그녀의 딸 아넬리스와 밍꺼가 자바에서 이슬람식으로 혼인을 했음에도 네덜란드 식민 통치 정부가 이를 허락하지 않은 것에 대하여 법정에서 벌이는 그녀의 저항은 인상적이었다. 냐이 온또소로는 나약한 지식인 밍꺼를 용감한 투사로 만들었다.

> 유럽이 전부라고 숭배하지 말라. 어디에나 고귀한 것과 악이 있다. 도처에 천사와 악마가 있다. 도처에 천사의 얼굴을 한 악마가 있고 악마의 얼굴을 한 천사가 있다. 그리고 변치 않는 영원한 사실, 식민 통치는 항상 악마이다. 너는 식민 통치 상황에 살고 있다. 너는 그것을 피할 수 없어. 하지만 괜찮아. 네가 식민 통치자는 영원히 악마라는 사실을 인지한다면… 식민 통치가 아닌 것은 살 권리가 없다고 간주된다. 나를 포함하여. 수백만 명의 사람들이 시냇가의 조약돌처럼 아무 소리 못하고 고통을 받고 있어. 아들

> 아, 적어도 소리는 지를 수 있어야 한다. 내가 왜 너를 누구보다 사랑하는지 아느냐? 네가 글을 쓰는 사람이기 때문이야. 너의 목소리는 바람에 꺼지지 않고 영원할 것이야.[8]

식민 통치 당시의 자바 봉건 사회의 상황을 감안해 보면 냐이 온또소로의 이러한 자세는 변별적인 것이라고 볼 수 있다. 그녀는 외부 세력의 도전에 직면한 인도네시아 사회를 깨우치는 역할을 했다. 당시 인도네시아 사회에서의 여성의 지위를 생각해볼 때 냐이 온또소로는 분명 평범한 인물은 아니다. 부디아르조(Carmel Budiardjo)도 밍꺼를 새로운 가치를 가지고 식민 통치 세력에 저항하는 인물로 성장하는 데 있어서 냐이 온또소로의 역할이 크다고 하였다.[9]

냐이 온또소로는 탐욕스러운 아버지의 희생물이다. 그녀는 그러한 비극적인 상황을 오히려 자신을 단련하는 기회로 삼았다. 그러한 단련은 자신이 운영하는 농장의 문제를 해결하고 나아가서는 네덜란드 식민 통치 세력에게 빼앗긴 권리를 위해 투쟁하는 힘의 원동력이 되었다. 이러한 관점에서 볼 때 쁘라무디아는 식민 통치라는 불합리하고 부조리한 상황에서 억압받을 때 오히려 단련되어 힘을 발휘하는 강인한 여성의 이미지를 구축하는 데 성공했다고 평가된다.

---

8 *Anak Semua Bangsa*, pp.75-76.

9 Carmel Budiardjo, 1981, "Beberapa Catatan mengenai Peranan Wanita dalam Buku-bukunya Pramoedya Ananta Toer," *Kancah*, *September*, p. 51.

4 / 식민 통치 체제에 대한 저항의 이미지

까뮈(Albert Camus)가 언급한 "소설은 저항의 정신과 함께 태어나 미학적 차원에서 같은 야망을 표현한다."[10]라는 명제를 가장 가깝게 실현한 작가 중의 하나가 쁘라무디아다. 부당하고 부조리한 상황에서 벗어나려는 것은 인간의 가장 기본적인 욕구인데 쁘라무디아는 자신의 국가와 민족이 그러한 상황에 놓였을 때 이러한 상황을 탈피해야 한다고 믿고 있으며, 이를 위하여 우선적으로 취해야 할 행동이 저항이라고 생각한다. 더욱이 쁘라무디아는 유럽의 식민 통치 세력이 자신들의 탐욕을 관철하기 위하여 아무런 잘못이 없는 국가를 무력으로 억압하는 상황을 용납할 수 없었다.

1) 저항과 저항 문학

저항은 반항과 동일한 뜻으로 불어 '레지스탕스(résistance)'의 역어이다. 이것의 사전적 의미는 '힘의 작용에 대하여 그 방향과 반대의 방향으로 작용하는 힘'이다. 물론 이때의 의미는 매우 광범위해서, 자연과학에서 말하는 '역방향으로의 힘'이나 인간사에서 지적하는 '기존 질서나 가치에 대한 도전' 또는 '자극에 대한 역반응'과 '무의식 그리고 의식에 대립하는 의식'으로 풀이되는 심리학이나 정신분석학에 입각한 해석일 수도 있다. 바라는 것과 바

---

10 Albert Camus, 1969, *The Rebel*, p. 224.

라지 않는 것의 대립, 바로 여기에서 성립되는 것이 저항이다. 이것은 지배자의 요구와 피지배자의 요구의 대립으로 환원될 수 있고, 또 기존의 가치에 대하여 개인의 내부에서 발화하는 가치관의 대립으로도 해석할 수 있다. 여기에서 간과될 수 없는 것은 자신의 존재가 부당한 요구나 침해를 받고 있을 때 저항의 형식이 성립된다는 것이다.

까뮈에 의하면 "반항인이란 '아니오'라고 말하는 자(1969:19)이며 그의 거부는 포기를 의미하지 않는다"[11]라고 했다. 또한 그는 저항이 자신의 권리를 아는 지식인의 행위이며 저항이 아무것도 창조하지 않기 때문에 외견상 부정적인 것으로 여겨지나 항상 방어되어야 마땅한 인간의 부분을 내보이는 것이기 때문에 오히려 긍정적인 것으로 보고 있다.[12]

저항은 진정한 가치나 확신 있는 정의를 수반해야 한다. 다시 말해 저항하고자 하는 의식-구가치에 맞서려는 새로운 가치-은 군중 심리가 야기시킨 흥분이나 호기심의 반향이어서는 안 된다는 것이다. 그것은 항상 존재를 위한 최적의 요구이고 절대적인 선의 추구를 위한 것이어야 한다는 말이다. 또한 저항은 복수 행위와 동일 선상에 있는 것이 아닌 그 이상의 것이다. 까뮈는 인간이 저항함으로써 존재한다고 하였다.[13]

저항은 필연적으로 피압박자에게서만 생겨나는 것이 아니고 타인이 희생되는 압박을 보았을 때에도 동류애의 소산으로써 일어날 수 있다. 결국 저항의 출발은 부조리를 느끼는 의식 속에 있으며, 저항은 이러한 부조리를 깨뜨리고 새로운 가치를 이입시키려는 수단이며 근본적인 삶의 형식이고 존재의

---

11 Albert Camus, 1969, *The Rebel*, p. 19.

12 Albert Camus, 1969, *The Rebel*, p. 25.

13 Albert Camus, 1969, *The Rebel*, p. 29.

과정이 된다.

저항 문학은 한마디로 저항의 행위를 문학으로 표현한 것, 즉 이미 완성된 질서나 권위를 거부하고 그 자리에 새롭고 독자적인 가치를 부여하려는 활동을 문학으로 형상화시킨 것을 말한다. 따라서 저항 문학의 범주는 인간이 저항할 수 있는 일체의 질서, 법규, 가치, 사상, 권위 등이다. 이것이 광의의 저항 문학이다. 협의의 저항문학은 2차대전중 나치 지배하의 프랑스를 비롯한 서구 여러 나라들이 압제를 벗어나겠다는 의지를 문학으로 표현한 것으로서 침략자 또는 권력자에 저항하는 문학을 뜻한다.

저항 문학은 객관성을 유지시키기 어려우며 이 객관성의 결핍으로 다음과 같은 몇 가지 문학적 불모성을 지니기 쉽다. 첫째, 저항 문학은 적극적인 사회참여의 우국 문학이 되기 쉽다. 그 문학의 저류에는 늘 학대받는 동포, 불안한 조국, 지배자로부터 탈피하려는 민족의 노력이 수반될 것임이 당연하여 민족의식적이고 배타적인 선전 문학이 될 수 있다. 둘째, 저항 문학은 소설 문학이 요구하는 픽션적인 사건의 도입보다 개인 또는 민족이라는 집단이 받는 피해의식의 기록이나 설명이 많아지는 경향이 있다. 셋째, 객관성의 결핍은 주인공의 행위에 대한 작가의 선입견을 유발시킬 수 있다. 그러나 이러한 문제들은 작가가 자신의 문학 역량을 발휘하여 '탐미적 즐거움(aesthetic joy)'을 극대화함으로써 극복될 수 있다.

문학에 나타나는 저항의 형태는 저항의 내용에 입각하여 의식적 저항과 행동적 저항, 저항의 자세에 의하여 내부적 저항과 외부적 저항으로 분류할 수 있다. 의식적 저항은 지배자 또는 압제자로 인한 피해 의식의 고발과 조국에 대한 사랑이나 연민으로 관철될 수 있는 민족의식, 역사 의식을 포함한 저항이며 의식의 환기로서 표현된 일체의 저항적 내용을 말한다. 행동적 저항은 피지배자와 그가 속한 집단을 부활시키거나 가해자를 섬멸시키고자 하는 실천적 저항을 말한다. 내부적 저항은 저항하려는 태도의 촉수가 개인의 심층을 향하는 것으로 자신의 패배 원인을 파악하고 근본적인 복구책으로 자아 발전을 위한 노력이 수반되는 저항이며, 외부적 저항은 저항하려는 태도의 촉수가 압제자를 향하여 있는 것으로 가해자의 만행을 규탄하고 그들의 패주만이 자신을 구원시킬 것이라는 의식을 고수하는 저항으로 배타 의식을 수반하는 저항이다.

2) 저항 이미지의 전개

쁘라무디아는 인간의 대지 4부작에서 100명 이상의 등장인물을 통하여 자신의 사상과 메시지를 전하고 있다. 이 중에서 주인공 밍꺼가 가장 강렬한 저항의 이미지를 보여주고 있다. 이 작품에서 밍꺼의 저항 이미지는 쁘라무디아의 저항 이미지로 생각되어도 무방할 것이다. 왜냐하면 작가는 등장인물을 통하여 자신이 전하고자 하는 메시지를 표출하기 마련이고, 이것은 특히 주인공을 통하여 이루어진다고 볼 수 있기 때문이다.

앞에서 언급한 바와 같이 밍꺼는 인도네시아의 '언론의 아버지'라 일컬어지는 띠르또 아디수르요를 모델로 쁘라무디아가 재구성한 작중 인물이다. 여기서 언급되어야 할 것은 밍꺼와 띠르또를 완전 동일시해서는 안 된다는 점이다. 밍꺼라는 작중인물은 쁘라무디아의 소설 속에 등장시키는 허구적 인물이고, 띠르또는 인도네시아 역사에 등장하는 실존적 인물이기 때문이다. 밍꺼와 띠르또를 동일시하다보면 소설 속에서의 밍꺼의 이미지와 역사적 인물로서의 띠르또의 이미지가 일치하는가에 대한 논쟁을 불러일으킬 수 있고, 그리되면 쁘라무디아의 인물 묘사 입지가 그만큼 제약을 받을 수 있다.

뻐라무디아는 띠르또의 전기가 아닌 역사 소설을 썼음을 간과해서는 안 되고, 따라서 작품 내에 표출된 그의 메세지를 액면 그대로 받아들이려는 자세가 요구된다. 이와 관련한 야콥 수마르조의 견해는 시사하는 바가 있다.

> 뻐라무디아는 역사적 자료에 대하여 아무런 제약 없이 의미를 부여할 수 있다. 왜냐하면, 만약 그가 전기를 쓰는 것이라면 표출코자하는 바가자료에 얽매일 수밖에 없을 것이기 때문이다. 뻐라무디아는 개인의 구체적인 삶의 경험을 통하여 자신의 메시지를 실려 보내고자 하는 것이며, 그럼으로써 독자들은 그 삶 속에 동참하여 역사를 다시 음미해 보고 하는 것이다.[14]

이 작품에서 밍꺼는 솔직하고 강인하며 불의를 참지 못하는 성격을 지닌 인물로 묘사되었다. 밍꺼는 하베에스(HBS)와 의사양성학교(STOVIA)에서의 유럽식 교육을 통하여 유럽의 문화와 진보된 학문를 이해하고 수용하려는 입장을 취한다. 그러나 민족의 장래를 걱정하는 청년 지식인으로서 그는 조직 및 언론 활동을 통하여 민족을 깨우치게 하려는 노력을 계속하게 되고 이 과정에서 불합리한 식민 통치 제도와 부딪치게 된다. 바로 여기에서 본고가 살펴보고자하는 저항의 이미지를 살펴볼 수 있는데 밍꺼의 저항 이미지는 개인의 불편함을 타개하기 위하여 표출된 저항에서 민족의 장래와 관련된 저항으로 발전되어감을 알 수 있다.

밍꺼의 저항 이미지는 밍꺼의 형이 허락 없이 자신의 일기장을 훔쳐보는

---

14 Jakob Sumardjo, 1981, "Anak Semua Bangsa, Buku Kedua Pramoedya," Pikiran Rakyat 11 Feb., p. 4.

데서 표출되기 시작한다. 자신의 권리가 침해되었다고 생각하는 밍꺼는, "이것에 손대지 마. 누가 형한테 내 일기장을 보라고 했지? 도대체 형은 학교에서는 무엇을 배우는 거야? 남의 권리나 침해하는 자바의 도련님이 되어서 무엇에 쓰지? 일기장이라는 것은 개인의 사생활을 기록해 둔 거야. 학교에서 안 배웠어?"[15]라고 윽박지르는데, 자바인의 기준으로 보면 이것은 대단한 저항의 이미지를 나타낸다고 보아야 한다. 왜냐하면 자바 봉건 사회에서 동생이 형한테 이러한 일로 불만을 토로하는 것은 있을 수 없는 일이었기 때문이다. 실제로 이 작품에는 밍꺼가 군수인 아버지 앞에 나가면서 제대로 서서 걷지 못하고 하인들처럼 종종걸음으로 기어가는 장면을 볼 수 있다. 그러나 유럽식 교육을 통해서 자신의 권리를 인식하고, 자신의 사생활이 침해되었다고 여긴 밍꺼는 주저하지 않고 형의 그릇된 행동에 대한 저항의 이미지를 표출하게 되는 것이다.

이러한 밍꺼의 태도는 1890년 경부터 중부 자바 블로라와 름방 지역에서 네덜란드 식민 통치 정부에 납세 의무의 이행을 거부하고 비폭력 저항 운동 등으로 "인도네시아 민족주의의 시발"[16]로까지 여겨지는 사민 운동(Gerakan

의사양성학교(STOVIA) 휘장과 건물

15 *Bumi Manusia*, p.123.

16 Ben Anderson, 1977, "Millenarianism and the Saminist Movement," Ben Anderson, et al, *Religion and Social Ethos in Indonesia*, p.56.

Samin)의 규율과도 무관하지 않다. 이들의 규율 중에는 '인내하라. 남을 괴롭히지 마라. 교만하지 마라. 주인의 허락 없이 남의 물건을 취하지 마라. 도둑질은 물론이고 길에 떨어진 물건도 자기 것이 아니면 멀리하라'[17] 등이 있는데 밍꺼의 형이 일기장을 훔쳐본 것은 이 규율에도 어긋나는 일이다.

식민 통치 정부가 밍꺼의 네덜란드 유학 신청에 대하여 납득하기 어려운 이유를 들어 받아들이지 않았을 때에도 그의 저항 이미지가 표출됨을 알 수 있다. 네덜란드 정부는 밍꺼의 성적이 아주 우수함에도 불구하고 품행이 바르지 못하다는 이유를 들어 유학을 허락하지 않았다. 이에 대하여 밍꺼는, "난 남에게 손해를 끼친 적도 없고, 남의 명예를 훼손시킨 적도 없으며 남의 물건을 훔친 적도 없습니다. 그런데, 유럽인 자신이, 다른 사람도 아니고 내가 스승으로 여기고 있는 유럽인들이 부당한 짓을 하고 있습니다."[18] 라고 말했다. 유럽인의 평등주의를 신봉해온 밍꺼는 유럽인의 이러한 이중적 태도에 실망을 느끼게 되고 이것이 곧바로 저항의 이미지로 연결된 것이다.

작품 초반부에 밍꺼는 유럽적인 것에 매료된 것으로 묘사된다. 밍꺼가 유럽적인 것을 숭배하게 되는 이유는 여럿이 있지만 그중에서도 진보된 학문과 발전된 교육 제도 때문이었다. 밍꺼에게 유럽은 불가능을 가능한 것으로 만들어 주는 요술 상자와도 같은 것이었다. 이렇게 유럽에 매료되어 유럽식 자유주의를 배운 밍꺼가 유럽 식민 통치의 부조리한 면에 대한 저항의 이미지를 표출하는 것은 피식민국의 젊은이로서 당연한 일이었다. 그러나 이러한 저항의식은 자신에게 오는 불이익을 감수하는 진정한 용기를 수반해야

---

17 Sabar lan trokal empun ngantos jrengki srei empun ngantos riya sapada empun nganti pek pinek kutil jumput bedhog colong. Napa malih bedhog colong, napa malih milik barang, nemu barang teng dalam mawon kula simpangi.

18 *Bumi Manusia*, p.317.

하는 것이었다.

작가가 독자층에 메시지를 전하는 측면에서 생각해 보면 밍꺼는 네덜란드인에게 피식민국의 실상을 알려 네덜란드 지식인층의 관심을 모았던 물타툴리(Multatuli)의 소설 『막스 하블라아르(Max Havelaar)』의 주인공 막스 하블라아르와 그 인상이 비슷하다. 식민 제도의 정체와 관계 공무원들의 부정과 비행을 고발하는 작가의 정치적 견해를 담은 이 소설은 19세기 유럽 전역을 뒤흔든 반식민주의 소설이다. 물타툴리는 19세기 중엽 네덜란드 식민 통치하에서 행해지고 있던 인권 유린을 폭로함으로써, 네덜란드인들로 하여금 식민 통치 행태에 대한 관심을 일깨워 주었다. 그 결과 네덜란드 정부는 식민 통치 정책에 대하여 재검토하였고 1870년에는 반 덴 보쉬(Van den Bosch) 총독의 주관으로 1830년부터 실시돼 오던 강제 재배 제도를 폐지하였다.

물타툴리와 마찬가지로 밍꺼 역시 높은 이상과 인류애를 지닌 젊은 지식인으로서 식민 통치의 불합리성에 대하여 신랄한 비판을 가하고 있다. 작품 내에서 밍꺼는 물타툴리를 스승으로 칭하면서 "오늘 저는 당신의 뒤를 따르기 위하여 한 발짝 내딛었습니다"[19]라고 했다. 또 작중인물 떼르 하아르(Ter Haar)는 밍꺼가 필명을 막스 똘레나아르(Max Tollenaar)로 쓰는 것도 막스 하블라아르에 근접하려는 증거이며, 물타툴리의 영적 후계자가 된다는 효과를 노린 것이라 했다.[20]

『막스 하블라아르』 인도네시아어판

19 *Anak Semua Bangsa*, p.187.

20 *Anak Semua Bangsa*, p.260.

물타툴리(Multatuli)와
암스테르담의 물타툴리 흉상

밍꺼의 저항은 자신의 이익과 관련된 저항에서 더 높은 단계, 즉 민족의 이익과 관련된 저항의 단계로 발전된다. 이 과정에서 밍꺼의 저항 의식에 영향을 주는 인물들이 등장하는데 그중에서 냐이 온또소로를 빼놓을 수 없다. 냐이 온또소로는 밍꺼가 학교의 교육을 통하여 배울 수 없는 것을 가르친 셈이다. 냐이 온또소로의 가르침 중에서 다음의 언급을 눈여겨 볼 만하다.

> 그것이 비록 한 줌의 흙일지라도 네가 소유하고 있는 것 전부 혹은 일부를 손대는 사람에 대하여 누구를 막론하고 좌시해서는 안 된다. 그것은 그것이 네게 값진 것이어서가 아니라, 허락 없이 취해 갔기 때문이다. 그것은 절도이며 결코 옳은 일이 아니다. 그래서 반드시 저항해야 한다. 하물며 우리의 자유를 빼앗아 가는 행위에 대하여는 더욱더 말할 것이 없다.[21]

냐이 온또소로는 유럽인의 현지처로서 유럽인 남편의 관심과 교육으로 큰 농장을 운영하는 세련된 여성 기업인이 되었다. 그녀는 밍꺼에게 민족의

---

21 *Anak Semua Bangsa*, p.3

식을 일깨워주고 또 자극제가 되어주는 강렬한 이미지의 등장인물이다. 냐이 온또소로 이외에도 중국을 공화국으로 만들겠다는 야심을 품고 자바에서 지하 운동을 하는 코우아수(Khouw Ah Soe), 프랑스인 용병으로 수마트라 내전에 참가했던 장 마레(Jean Marais)도 밍꺼가 눈을 뜨는 데 기여하는 인물로 묘사된다. 이와 같은 등장인물들은 밍꺼로 하여금 언론에 말레이어로 글을 쓰도록 조언한다. 그 결과 밍꺼는 시도아르조(Sidoardjo) 지역을 방문하여 농지 임대 문제를 두고 식민 통치 정부와 대립을 벌이는 뜨루노동소의 문제, 유럽인의 현지처가 되는 것을 피하기 위하여 의도적으로 천연두가 창궐하는 마을에 들어가 자신이 감염된 후 유럽인 쁠리끔보(Plikemboh)에 감염시켜 그를 죽음에 이르게 하는 수라띠(Surati)의 이야기 등을 신문에 소개한다.

반 후이츠(Van Heutsz) 장군

이와 같은 밍꺼의 활동을 통하여 밍꺼는 그동안 관심 밖에 있던 토착인의 삶에 관심을 기울이게 된다. 이러한 과정을 거치면서 밍꺼의 이미지는 투사의 이미지로 변하게 되며 밍꺼 자신이 저항해야 할 표적이 바로 유럽의 식민 통치 제도라는 것을 의식하게 된다. 밍꺼의 저항 이미지는 수마트라 민란을 진압한 반 후이츠(Van Heutsz) 장군이 주최하는 모임에 유일한 토착인으로서 참석했을 때 표출된다.

난 그에게서 살인마의 냄새를 맡을 수 있었습니다. 창과 화살로 무장한 토착인은 그의 한 마디 명령으로 인하여 죽어 나뒹굴었습니다. 이와 같은 일이 언제 어디서 벌어질지 예측할 수 없습니다. 무엇을 위한 싸움입니까? 그들은 이 지역의 안정을 위해서라고 말하지만 그것은 거짓말이고 힌디아라는 거대한 자본의 안전을 위한 것입니다. 그가 손가락만 까딱하면 피, 노예 제도, 착취, 수탈, 멸시가 행해지는 겁니다. 지금 내 눈 앞에 있는 저 사람이 지휘봉으로 힌디아 지도 위에 어느 곳이든 표시만 하면 하늘에서 지옥이 떨어져내려와 토착인의 삶을 쑥대밭으로 만들 수 있단 말입니다.[22] (JL:31).

작품이 전개되면서 밍꺼 자신이 의사양성학교(STOVIA)를 졸업하지 않게 될 것이라는 암시가 여러 번 나타나게 되는데 이것은 물론 의사라는 직업이 밍꺼라는 작중 인물이 작품 내에서 맡게 되는 역할과 상치하기 때문이다. 신체의 부위를 암기하고 기계적인 수업은 그에게 맞지 않았다. 결국 밍꺼는 개인의 질병을 고치는 의사가 되기를 포기하고 민족의 아픔을 고치는 더 큰 의미의 의사가 되겠다고 다짐한다. 이러한 설정은 그가 앞으로 민족주의 운동을 통하여 식민 통치 상황에서 신음하는 자신의 민족을 구하는 주인공의 역할에 대한 복선이다. 밍꺼는 "난, 내가 할 일이 의사가 아니라는 생각이 듭니다. 첫 수업에 임하면서부터 기구의 노예가 되고, 이런저런 법칙을 외우고, 그래서 지금 자신이 어디까지 와 있는 것인지를 망각하곤 했습니다. 이 학문은 나를 침몰시키고 말 것입니다"[23]라고 말한다. 이는 결국 밍꺼가 한 사람의 병을 치료해 주는 의사보다는 민족이 처한 공동의 아픔을 치유하는 인물이 될 것임을 드러낸다.

토착인의 이익을 위한 밍꺼의 저항 이미지는 〈메단(Medan)〉이라는 신문을 발행하는 언론사를 경영하면서 강하게 나타난다. 〈메단〉은 각지에서 토착인

22 *Jejak Langkah*, p.31.
23 *Jejak Langkah*, p.42.

이 부당하게 불이익을 당하는 사건을 고발하게 되고 이러한 상황은 식민 통치 정부를 곤경에 빠뜨리게 된다. 어느 날 압둘 무이스(Abdoel Moeis)가 토착인이 신발을 신었다는 이유로 유럽인 경찰관에게 폭행을 당했다. 이 사건이 신문을 통해 알려지자 경찰 간부가 신문사에 찾아와 경찰의 위신을 떨어뜨렸다는 이유로 항의하였다. 이때 밍꺼는 다음과 같이 대응하였다.

> "당신은 경찰을 모독했소."
>
> "경찰관께서는 사건의 전말을 잘 아실텐데요."
>
> "당신은 우리의 명예를 더럽혔단 말이오."
>
> "하지만 경찰은 진실을 왜곡하고 있소." 나도 그를 따라 의자에서 벌떡 일어나 양손을 허리춤에 댔다.
>
> "나는 당신을 초대한 일이 없소. 여기는 내 사무실인데 당신은 예의범절을 무시하는 행동을 하고 있어요. 나가시오"
>
> 그는 일개 토착인이 법적으로 지위가 훨씬 높은 유럽인에게 대들고 있다는 사실이 어이가 없는 듯 잠시 말을 잇지 못했다. 잠시 후 분을 삭이지 못한 경찰관은 소리를 버럭 질렀다.
>
> "당신을 이 주먹 한 방에 날려버리겠소."
>
> "좋소이다. 아주 멋진 경기가 될 것이오. 이 사건 역시 우리 신문에 실리게 될 것이오."[24]

이 이외에도 아쩨(Aceh) 지역에서 부당하게 추방당한 뜨우꾸 자밀론(Teukoe

---

24 *Jejak Langkah*, p.343.

Djamiloen) 사건 등을 계속 신문에 보도하여 식민 통치 정부의 비위를 거슬리게 한 메단은 폐간 조치를 당하게 되지만, 언론을 통한 밍꺼의 저항 이미지 표출은 인상적이다. 이것은 앤더슨(Ben Anderson)이 설명하는 '상상된 공동체(Imagined Communities)'와도 관련이 있다. 앤더슨이 정의하는 민족은 "공통의 언어와 문해력에 뿌리를 둔 현대적인 개념"이자 "상상력이 만들어낸 정치 공동체"이다. '민족' 개념은 통념과 달리 오래전부터 확고한 실체가 있는 것이 아니라 근대에 만들어진 발명품이라는 것이다.[25] 실제로 이 작품에서 쁘라무디아는 언론 이외에도 종교(이슬람), 언어(말레이어), 조직(Sarekat Islam)등을 상상된 공동체를 이룰 수 있는 요소로써 제시하고 있다.

밍꺼의 저항은 철저하게 비폭력적이라는 것에 주목할 필요가 있다. 이는 쁘라무디아가 항상 견지하고 있는 인도주의 정신에 기인하는 것이다. 밍꺼는 자신의 사탕수수 농장을 헐값에 임대하지 않으려는 뜨루노동소에게 폭력으로써는 아무것도 이룰 수 없음을 주지시킨다. 밍꺼는 또 자신의 부인 까시루따가 밍꺼를 죽음으로부터 보호하기 위하여 청부 살인업자를 저격한 사실과 관련하여 오히려 거부감을 나타낸다. 자신을 보호한 것은 다행이지만 반응할 준비가 안 된 사람을 살해했다는 점에 동의하지 못한 것이다. 이와 같은 밍꺼의 자세는 그가 앞에서 이야기한 사민 운동의 원칙과 궤를 같이 한다는 것을 알 수 있다.

냐이 온또소로의 저항 이미지는 작품 초반부터 표출된다. 폐인이 다 된 자신의 남편이자 주인인 헤르만 멜레마(Herman Mellema)가 토착인의 신분으로 유럽인의 집을 방문했다는 이유로 밍꺼를 멸시했을 때 나타나는 냐이의 저

---

25 Ben Anderson, 1983, *Imagined Communities: Reflections on the Origin and Spread of Nationalism*, pp.47-48.

항 이미지는 다음과 같이 표출된다.

"누가 너한테 이 집에 들어오도록 허락했지? 몽키같으니라고!" 헤르만 멜레마는 거친 말레이말로 마구 퍼부었다.

"네 놈 생각에 양복을 입고 네덜란드어를 조금 나불거린다고 유럽인이 되는 줄 아나?"

"입 닥쳐! 그는 내 손님이야" 냐이가 네덜란드어로 내뱉었다. 멜레마는 잠시 빛을 잃은 눈으로 냐이를 응시했다. 초대받지 않은 한 토착인 청년 때문에 무엇인가 큰 사건이 터지고 말 것 같은 기세였다.

"냐이!" 멜레마가 불렀다.

"유럽 놈들도 역시 똑같이 미쳤어, 미쳤다고."[26]

당시의 신분 체계는 순수 유럽인(Totok), 유럽 혼혈인(Peranakan), 그리고 토착인(Pribumi)의 순으로 구분되어 있었다. 그리고 각 계층 간에는 혼인을 허락하지 않는 등의 차별이 있었다. 이러한 상황에서 냐이 온또소로의 이러한 저항은 대단한 용기를 필요로 하는 것이다. 아버지의 출세욕 때문에 팔려온 냐이 온또소로는 유럽인에게 배워 유능한 여성 기업인이 되었지만 유럽인의 부당함에 대하여 좌시하지 않고 거침없이 저항의 이미지를 표출하고 있다.

냐이 온또소로의 저항 이미지는 식민 통치 당국 법원이 밍꺼가 토착인이라는 이유로 그의 딸 아넬리스(Annelies)와의 결혼을 인정하지 않는 판결을 내릴 때 고조된다. 그리고 헤르만 멜레마가 사망한 후 상속 문제를 다룰 때 법

26 *Bumi Manusia*, p.37.

원 측은 냐이 온또소로와 멜레마의 결혼이 유효하지 않기 때문에 냐이 온또소로와 아넬리스 간의 친자 관계도 인정할 수 없고 결국은 아넬리스의 생면부지의 이복 오빠인 모리스 멜레마가 모든 상속권을 갖게 된다고 결정했다. 이에 더하여 아넬리스의 후견권도 모리스 멜레마가 갖게 되어 아넬리스는 남편 밍꺼와 생이별을 하는 지경에 이르게 되었다. 이때 법정에서 표출하는 냐이의 저항 이미지는 다음과 같다.

> "그녀는 내 딸이다. 오직 나만이 그의 후견인이 될 수 있어. 내 몸으로 낳고 키웠어. 유럽은 사디스트처럼 토착인을 학대하고 있어. 유럽, 몸뚱이만 희었지 가슴에는 검은 털이 가득해.[27]"

여기서 언급되어야 할 것은 밍꺼와 냐이 온또소로의 저항은 단순한 복수심에서 유발된 것이 아니라는 것이다. 저항은 복수심 이상의 그 무엇이라는 까뮈의 견해에 비추어 보면[28] 이들이 표출하는 저항은 개인의 이익을 뛰어 넘어 민족의 이익을 되찾기 위한 더 큰 의미의 저항이라는 것을 알 수 있다.앞에서 살펴본 바와 같이 식민 통치를 당하는 위치에서 이러한 저항 이미지의 표출은 민족의식과 매우 밀접한 관계가 있음을 알 수 있다.

민족국가에 대한 충성심을 민족주의의 발로로 보는 콘(Hans Kohn)의 주장을 따른다면 민족이 식민 통치 상황을 탈피하는 것이 민족의식의 전제가 될 것이다. 따라서 이러한 상황을 탈피하기 위한 노력으로 피식민 국민이 식민 통치국의 부당함에 대하여 저항 의식을 표출하는 것은 민족의식의 발현이라

---

27 *Bumi Manusia*, pp.323-324.

28 Albert Camus. 1969. *The Rebel*, p. 23.

고 볼 수 있다.

뻐라무디아가 재구성한 작중 인물 밍꺼는 동양과 서양의 두 개의 문화가 만남을 이루는 점이다. 이렇게 두 문화의 교량적 역할을 하게 되는 밍꺼가 표출하는 저항의 이미지는 냐이 온또소로의 그것에 비하여 인상적인데 그것은 저항의 본래 의미에 충실한 이미지를 표출함과 동시에 그 단계가 개인에서 민족을 위한 저항으로 발전되기 때문이다. 이 저항의 이미지는 단순히 '저항'이기 때문에 부정적인 것이 아니라, '진정으로 위대한 휴머니즘의 전통은 항상 혁명적'이라는 루카치의 견해에 따를 때 오히려 긍정적인 것이라 할 수 있다.[29] 고대 자바에 도래한 중국, 인도 등의 세력이 종교를 앞세우고 들어와 문화의 교감을 이룬 것에 반하여, 대포를 앞세우고 들어온 유럽 세력에 충격적인 패배를 맛보아야 했던 자바인의 후예로서 뻐라무디아가 제시하는 저항의 이미지는 패자의 몸부림만은 아닐 것이다.

5 / 자바의 문화에 대한 반응

벤 앤더슨이 뻐라무디아와 자바 문화에 대하여 다음과 같은 이야기를 한 적이 있다.

---

29 Georg Lukacs, 1962, *The Historical Novel*, p. 266.

뿌르바짜라까(Poerbatjaraka)와 마찬가지로 스타일은 매우 다르지만 쁘라무디아는 그가 어린 시절부터 흡수한 자바 문화에 대하여 저항하는 자였으며 지금도 마찬가지이다. 내가 아는 한 그는 어린 시절 그의 모국어인 자바어로 책을 출판한 적이 없다. 그러나 이것이 자바와 그 문화가 그의 마음에서 아주 멀리 떨어져 있다는 것을 의미하지는 않는다.[30]

문화에 대한 정의와 범주가 다양하고 방대하기 때문에 앤더슨이 말하는 문화가 무엇인지 분명하지 않을 수 있다. 여기서 이야기하고자 하는 문화는 한 사회의 주요한 행동 양식이나 상징 체계를 말한다. 문화란 세계관, 사회사상, 가치관, 행동 양식 등의 차이에 따른 다양한 관점의 이론적 기반에 근거하여 여러 가지 정의가 존재한다. 따라서 인간이 주어진 자연환경을 변화시키고 본능을 적절히 조절하여 만들어낸 생활 양식과 그에 따른 산물들을 문화라고 정의하고 자바 문화에 대한 쁘라무디아의 반응을 들여다본다.

우선 위에서 앤더슨이 언급한 '자바 문화에 대한 쁘라무디아의 저항'에 대하여 정확한 이해가 필요하다. 여기에서 이야기하는 저항은 단순한 거부가 아니다. 자바 문화에 대하여 누구보다도 자부심을 가지고 있는 쁘라무디아가 자바 문화의 부정적인 측면을 끄집어내고 그에 대한 안타까움과 개선을 요구하는 것으로 보아야 한다. 자바에 대한 애정이 없이는 할 수 없는 생각이다. 작품에 드러난 자바 문화의 부정적인 측면은 단순이 그것을 알리는 데에 있지 않다. 그러한 상황이 일어나게 된 원인을 생각해 보고 내부적으로 반성하며 긍정적인 방향으로 나아가자는 작가의 권유이자 유도인 것이다. 쁘라

30 Ben Anderson, 1990, *Language and Power*, p. 218.

무디아가 지적하는 자바 문화의 부정적인 측면은 사실 자바에 국한된 것이 아니라 인류의 보편적인 가치의 측면에서도 그렇게 해석된다. 그러니까 작가는 자바 사회의 예를 들어 인류가 관심을 가져야 할 공통의 주제와 문제점을 제시하고 있다.

태평양과 인도양 사이에 위치한 인도네시아 군도 지역은 전략적인 위치와 향료, 원목, 광물 등 풍부한 자원으로 외부의 관심을 받았다. 인도와 중국은 1세기와 3세기에 인도네시아 군도 지역과 교류를 시작하였다. 인도네시아의 이러한 교류는 자연스럽게 외부의 발달된 문화와 문명을 수용하였다. 13세기 이슬람의 전래 역시 이 지역의 신앙 체계 및 문화 형성에 중요한 역할을 하였다. 이러한 과정에서 인도네시아는 외부의 문화를 있는 그대로 수용하기 보다는 자신들의 전통과 가치 체계에 적합하도록 변용하여 수용했다. 따라서 인도 문화의 인도네시아 유입은 그들에게는 "인도네시아 문화의 인도화"가 아닌 "인도 문화의 인도네시아화"였다.[31]

이러한 과정에서 형성된 인도네시아 문화의 특징은 유연하고 수용적이며 조화로운 분위기 그리고 협의를 통한 합의를 중요시한다. 쁘라무디아는 인도네시아의 찬란한 문화에 자부심을 가지고 있다. 그는 8세기를 기준으로 대부분 유럽 국가가 문맹의 상황일 때 자바 사회는 이미 글을 읽고 쓸 줄 알았다고 했다. 그 당시 네덜란드 국민들은 문해력이 없었으며 기독교와 접한 지 얼마 안 되었고 보니파시우스 성인을 살해했다고 했다. 쁘라무디아는 14세기에 음뿌 딴뚤라르(Mpu Tantular)와 쁘라빤짜(Prapanca)가 『수따소마(Sutasoma)』와 『너가라꺼르따가마(Negarakertagama)』라는 위대한 저술을 집필한 것에 대하

31 Umar Kayam, 1989, "Transformasi Budaya Kita," mimeograph, Yogyakarta: UGM, pp. 5-6.

『너가라꺼르따가마(Negarakertagama)』와 『수따소마(Sutasoma)』 표지

여 자부심을 가지고 있다.

페르난데스 아르메스토는 15세기의 시점에서 보았을 때 전 지구적 헤게모니 쟁탈전의 우승 후보를 꼽는다면 차라리 자바라고 이야기한 바 있다. 자바는 인도양 한가운데 자리 잡고 있어서 지정학적으로 매우 유리한 데다가, 아주 넓은 지역에 걸쳐 조공 관계를 유지하면서 언제든지 군사적으로 공격할 태세를 갖추고 있었으며 조선·지도·항해와 같은 기술적 요소도 매우 발달해 있었다. 따라서 장래 가능성을 본다면 모든 면에서 스페인이나 포르투갈보다는 자바가 더 유리했다는 것이다.[32] 실제로 자바 최초의 이슬람 왕국 드막(Demak)의 2대 술탄 빠띠 우누스(Pati Unus)는 1513년과 1521년에 자바에서 함대를 이끌고 말라카에 진격하여 그곳에 주둔하던 포르투갈군을 공격한 바 있다. 자신감이 없었다면 할 수 없었던 일이다.

그럼에도 불구하고 쁘라무디아는 인도네시아 역사를 패배로 점철된 역사라고 말했다. 특히 서구의 세력이 인도네시아에 진입하면서 인도네시아가

---

32 주경철, 2009, 『대항해 시대:해상 팽창과 근대 세계의 형성』, p. 3.

겪은 수많은 패배는 그를 열등감에 빠지게 했다. 이러한 과정에서 자바는 개방의 문이 제한되는 위축된 상황에 놓이게 되었다. 바다가 중요한 인도네시아에서 자바에서 북쪽의 대양으로 뻗어나가던 힘도 오히려 내륙으로 역류하게 되었다. 결국 대양을 경영하여 왕조를 발전시켜 나가던 해안 왕국이 내륙으로 후퇴하면서 백성들의 피와 땀으로 왕조를 유지할 수밖에 없었다. 이것이 자바의 봉건사회가 이루어지는 요소 중의 하나였다. 아무튼 쁘라무디아는 찬란했던 자바의 역사가 서구 세력이 들어오면서 동력을 잃고 후퇴의 길을 걸었다고 보았다. 특히 그에게 인도네시아 역사에서 350년 동안의 네덜란드 식민 통치는 뼈아픈 패배로 다가왔다.

> 자바는 계속해서 패배를 맛보았습니다. 어떤 사람이 눈먼 칭찬에 도취되어 있다면 그러한 사람은 첫 번째 시험에서 나가떨어집니다. 만약 당신이 자바의 역사를 살펴본다면 자신의 신념을 지키기 위하여 전장에서 죽은 자바의 지도자는 거의 없습니다. 모두 비틀거리며 네덜란드에게 항복했습니다. 그렇게 함으로써 유럽의 우월함을 인정할 수밖에 없었습니다.[33]

앤더슨도 17세기 초 자바의 지도자들은 계속해서 패배, 치욕, 드리고 재앙을 겪었다고 했다.[34] 쁘라무디아는 이러한 패배를 식민 통치국의 탐욕과 더불어 자바 왕들의 나약함과 자바의 부정적인 문화에 기인한다고 진단했다.

---

33 *Rumah Kaca*, p. 306.

34 Anderson, 1990, *Language and Power*, p. 200.

1) 쁘리아이(Priayi) 계층과 자바문화

자바의 쁘리아이 계층에 대하여 여러 학자들이 다양한 정의를 내렸다. 기어츠(Geertz)는 쁘리아이 계층을 일러 높은 지위의 엘리트 계층이며 종교, 철학, 예술, 학문 분야를 주도하는 지식층이라고 하였다.[35] 끈짜라닝랏(Koentjaraningrat)은 이 계층을 관료로 정의하였다.[36] 수세노(Suseno)는 관료와 지식층이라고 하였으며 농사일과 같은 거친 노동을 하지 않는 계층이라고 하였다.[37] 반 닐(Van Niel)에 의하면 쁘리아이 계층은 비교적 더 많은 교육을 받고 행정 업무를 담당하는 관료로 정의하였다.[38] 이를 종합해 보면 쁘리아이 계층은 일반적으로 '관료 계층'으로 보는 것이 타당하다. 쉽게 말하자면 조선시대 양반 계층으로 보면 무리가 없다. 그 이유는 쁘리아이 계층과 양반 계층 사이에는 각각의 사회에서 그들의 지위나 중요시하는 가치관이 비슷하기 때문이다.

많은 소설에서 쁘라무디아는 자바의 쁘리아이 계층을 부정적인 이미지로 그려내고 있다. 쁘라무디아는 자바 쁘리아이 계층의 봉건적인 측면을 부정적으로 보기도 했지만, 이와 더불어 그들이 신봉하는 긍정적인 측면의 가치를 제대로 지키지 않는 점을 지적했다. 쁘라무디아는 소설의 작중 인물과 봉건적인 쁘리아이 계층 간의 갈등을 드러냈다. 쁘라무디아는 소설 초반부에서 인간의 존엄을 훼손하는 자바 쁘리아이 계층의 봉건적인 전통에 대하여 다음과 같이 냉소적인 반응을 보였다.

---

35 C. Geertz, 1981, *Abangan, Santri, Priayi dalam Masyarakat Jawa*, *hlm*. 305-308.

36 Koentjaraningrat, 1984, *Kebudayaan Jawa*, *hlm*. 281.

37 F.M. Suseno, 1988, *Etika Jawa*, *hlm*. 12.

38 Robert Van Niel, 1984, *Munculnya Elite Moden Indonesia*, *hlm*. 30.

> 한 사람의 군수를 만난다는 것은 자신을 방어하지 못한 채 굴욕을 받아들일 준비를 하는 것이다. 나는 다른 사람에게 그렇게 하도록 강요한 적이 없다. 그런데 나는 왜 다른 사람을 위해서 그리 해야 하는가? …… 내 학교 친구들은 두 발로 걸어가야 하는 사람이 두 손의 도움을 받아 기어가는 이 어처구니없는 연극을 보고 실컷 조롱할 것이 틀림없다. 신이시여, 조상이시여, 왜 당신은 이토록 당신 후손들의 명예를 훼손하는 관습을 만들었습니까?[39]

이 장면은 밍꺼가 군수인 자신의 아버지 앞에서 무릎을 꿇고 기어가면서 하는 독백이다. 당시의 관습으로는 쁘리아이 계층인 군수를 만날 때 먼 발치에서 기어가야 했다. 주인공 밍꺼는 조상으로부터 물려받은 이러한 봉건적이고 비인간적인 관습을 떨치려고 했다. 그래서 그는 관료가 되는 것을 포기했다. 파울처는 밍꺼의 삶의 조건은 냐이 온또소로가 구현하는 잠재력의 유형과 그의 자바 쁘리아이 배경에 대한 거부에 의해 형성되기 시작한다고 했다.[40] 이러한 봉건적인 관습에 대한 거부는 쁘리아이와 서민 계층을 구분하는 중요한 척도이다.[41] 밍꺼는 서민 계층(이른바 자바 사회의 Wong Cilik)을 억압하여 자신이 필요한 것을 취하는 쁘리아이 계층이 되기를 거부한 것이다.

쁘라무디아가 그의 소설에서 그려낸 쁘리아이 계층의 부정적인 이미지는 식민 통치 시기에 그들의 행적에 대한 작가의 반응이기도 하다. 그는 인도네시아가 독립을 쟁취하는 데 있어서 쁘리아이 계층의 역할이나 공적을 높게

---

39 *Bumi Manusia*, p. 116.

40 Keith Foulcher, 1981, "Pramoedya Ananta Toer and the Indonesian Consciousness: Some Considerations," working paper of Seminar Bahasa dan Sastra Indonesia, 19-22 Aug. Pacet, p. 2.

41 이에 대하여는 C. Geertz, 1989, *Abangan, Santri, Priayi dalam Masyarakat Jawa*, 309쪽을 참조.

평가하지 않았다. 오히려 쁘리아이 계층은 식민 통치 정부가 인도네시아를 효과적으로 통치하는 데 조력하고 자신들의 안정적인 지위를 확보했다고 보았다. 우마르 까얌도 이러한 의견에 동조했다. 그는 인도네시아 역사에서 민족의식을 일깨우는 운동을 이끈 단체인 이슬람 동맹을 주도한 인물들은 쁘리아이 계층이나 그들의 후손이 아니고 쁘리아이 계층의 성향과는 전혀 관련이 없는 산뜨리(santri) 계층이나 상인 계층이라고 했다.[42] 앤더슨은 다음과 같이 설명했다.

> 1830년 이후 식민주의자들과 물리적으로 충돌한 자바인은 하지(메카에서 돌아온 순례자)의 작은 집단, 농민 및 기타 서민들이었다. 자바의 상류층은 네덜란드 식민 통치 정부의 무자비한 착취 제도였던 강제 재배 제도를 시행하는 데 필요한 유연한 도구가 되었다.[43]

쁘라무디아는 그의 소설에서 쁘리아이 계층이 중요시하는 가치를 이행하지 않은 이른바 거짓 쁘리아이 계층에 대한 거부감도 드러냈다. 쁘리아이 계층을 지탱하는 덕목은 윤리 의식, 예술, 그리고 신비주의이다. 이 중에서 윤리 의식은 다른 덕목 중에서 가장 중요한 요소이다. 그것은 특정 사회를 구성하고 있는 일원으로서 개인의 윤리 의식이 곧바로 드러나기 때문이다. 이와 같은 맥락에서 쁘라무디아는 개인의 이익을 위하여 다른 가족 구성원의 인권을 침해하는 행위를 질타했다. 예를 들어 직장에서의 승진을 위하여 자신의 딸을 팔아넘기는 행위에 대하여 반드시 개선돼야 할 부정적인 관습으로 보았다.

---

42 Umar Kayam, 1989, "Transformasi Budaya Kita," p. 21.

43 Ben Anderson, 1990, *Language and Power*, p. 200-201

뻐라무디아는 『인간의 대지』에 등장하는 사니끔(Sanikem)과 수라띠(Surati)의 경우를 엄중하게 보았다. 사니끔은 후에 헤르만 멜레마의 현지처 냐이 온또소로가 되는 인물이고 수리띠는 그녀의 조카이다. 시도아르조 사탕수수 공장에서 일하는 사스뜨로또모(Sastrotomo)는 행정 서기에서 출납원으로 승진하기 위하여 열네 살의 딸 사니끔을 네덜란드인 헤르만 멜레마의 현지처로 상납했다. 사스뜨로또모의 아들 사스뜨로 까시에르는 자신의 자리를 지키기 위하여 자신의 딸 수라띠를 사탕수수 공장의 네덜란드 행정관 쁠리끔보(Plikemboh)에게 팔아넘겼다. 이와 같이 대를 잇는 자식 팔아넘기기는 자바 쁘리아이 계층에게 관직이 얼마나 중요한 것인지를 보여주는 단적인 예이다.

사스뜨로또모와 사스뜨로 까시에르는 집안을 지키고 발전시키기 위해서는 직장에서 자신들의 위치가 중요하다고 보았고 이를 위해서는 어떠한 희생도 감수할 수 있어야 한다고 보았다. 그러나 그러한 생각이 옳지 않았다는 것은 사니끔이나 수라띠가 그것을 수용하지 않는다는 점이다. 그들은 아버지의 그러한 결정에 대하여 부당하다고 생각했다. 사니끔은 "그 순간부터 아버지에 대한 존경심과 고마움은 완전히 사라져 버렸지. 자신의 아이를 팔아먹는 아버지가 세상에 어디가 있단 말인가."[44] 수라띠 역시 가장 잔인한 방법으로 복수한다. 그녀는 의도적으로 천연두에 걸려 이를 남편 쁠리끔보에 전염시켜 결국에는 사망에 이르게 만든다. 보리스 파니클은 사니끔이 인도네시아 신화적 전통에나 있을 법한 강제 결혼을 당하게 되는 것은 초대받지 않은 이방인들과 자바와의 연결을 상징하며, 이것은 결국 나약하고 자신의 이익만 챙기는 자바 왕들의 묵인 하에 이루어졌다고 했다.[45]

---

44 *Bumi Manusia*, p.77.

45 Boris Parnikel, 1981, "Roman yang Ditulis di Pulau Buru," *Inostrannya Literatura*, No. 8, *Koesalah Soebagyo*

뻐라무디아는 이 소설의 등장하는 뻐리아이 계층들이 관직을 얼마나 중요시하는지를 잘 표출하고 있다. 이와 같은 현상은 네덜란드 식민 통치 정책과도 무관하지 않다. 식민 통치자의 입장에서는 인도네시아 출신의 탁월한 정치가보다는 자신들의 정책을 공고히 하고 이를 효과적으로 수행하는 관료가 필요했다. 독립의 가능성을 점치지 못하고 낙담한 인도네시아의 뻐리아이 계층들은 식민 통치 당국의 조력자로 전락했다. 20세기 초반에 네덜란드 식민 통치 정부는 인도네시아에 정치는 부재하고 관료를 중요시하는 관료 국가(beambtenstaat)를 형성하는 데 성공했다.[46]

이와 같은 현상은 자바 사회의 전통적인 관료 중심주의와도 무관하지 않다. 자바 사회에는 '국가와 왕에게 복종(ngawula ing praja lan raja)'을 기치로 국가의 관료가 되는 것이 최고의 목표였다. 이것은 자바 사회에 널리 알려진 『수만뜨리의 복종』 이야기가 증명해준다. 수만뜨리는 시골에 사는 청년인데 다른 가족들의 희생을 발판으로 도시에 나와서 자신의 꿈을 이룬다는 이야기이다. 뻐라무디아는 이에 대하여 다음과 같이 반응한다.

> 관직, 그것은 농부나 쟁이가 아닌 모든 토착인에게는 전부를 의미한다. 재산을 없애고, 가족이 파괴되고, 명예가 실추될지라도 관직은 지켜야 한다. 그것은 삶의 양식일 뿐만 아니라 그것을 통하여 명에, 진리, 자존감, 그리고 생계 수단이 된다. 사람들은 관직을 위하여 다투고, 기도하고, 절제하고, 배반하고, 거짓말하고, 죽도록 일하고, 서로에게 상처를 줄 수 있다. 사

Toer 번역, p. 260-261.

46 이에 대하여는 Heather Sutherland, 1979, *The Making of a Bureaucratic Elite: the Colonial Transformation of the Javanese Priayi*, p. 1-2를 참조.

람들은 관직을 지키기 위하여 모든 것을 잃을 준비가 돼있다. 왜냐하면 그 것을 통하여 다시 모두를 만회할 수 있기 때문이다.[47]

여기에서 자신의 관직을 지키는 것이 전부인 자바 쁘리아이 계층에 대한 쁘라무디아의 냉소적인 자세를 엿볼 수 있다. 사실 쁘리아이 계층은 네덜란드 식민 통치 정부의 서구식 교육의 혜택을 받은 후 식민 통치 정부의 관직이나 식민 통치 정부에서 운영하는 공장의 요직을 맡았다. 그러나 그들이 인도네시아의 독립을 위해서 노력한 흔적은 보이지 않는다. 이것은 변화를 희망하지 않는 자바 사람들의 의식 구조와도 관련이 있다. 자바 사람들은 자신이 처한 위치에서 자신에게 주어진 임무만을 다하는 것이 최고의 선이라고 믿어왔다. 그러니까 창의력을 발휘한다거나 솔선하는 자세가 순기능만 있다고 보지 않는 것이다. 그것은 자바 사회가 중요시하는 '조화로운 상태'에 부정적인 영향을 끼친다고 보았다. 쁘라무디아와 그의 어머니 사이의 대화에서 이러한 수동적인 자바의 문화에 대한 작가의 생각을 읽을 수 있다.

"알고 있지, 밍꺼? 그것은 자바 사람들의 방식이 아니야. 자바 사람들은 신이나 왕이 지시하는 것을 수행하기만 하면 돼. 하나의 명령을 이행하고 나면 즐거운 마음으로 또 다른 명령을 기다리는 것이지."

"어머니, 그동안 저는 교육을 통해 많은 것을 배웠습니다. 그리고 삶이라는 것이 그렇게 단순한 것이 아니라는 것을 알게 되었습니다."[48]

---

47 *Anak Semua Bangsa*, p.130.

48 *Jejak Langkah*, p.54.

뻐라무디아는 뻐리아이 계층의 수동적이고, 체면을 중시하는 성향, 그리고 꿈과 희망을 추구하기보다는 현재의 상황에 만족하는 자세를 비판했다. 이러한 모습은 이 소설의 주인공 밍꺼가 "(사레깟 쁘리아이)회원들은 모두 변화를 모르는 쁘리아이 계층으로 솔선하는 자세가 없고 삶에 대한 열정도 찾아 볼 수 없지. 그저 조용히 식민 통치 정부의 관리로 만족해. 사실은 그렇게 하면 안 되는데. 어찌 하겠는가? 이미 벌어지고 있는 잘못인데."[49]라고 하는 대목에서 확인할 수 있다.

2) 자바 문화의 부정적인 측면

뻐라무디아는 자바가 유·무형의 찬란한 문화유산을 가지고 있음에도 불구하고 봉건적인 사회에서 나타나는 자바 문화의 부정적인 측면이 국가와 민족의 발전에 저해 요소가 되었다고 믿었다. 그리고 그러한 부정적인 요소를 탈피해야 할 대상으로 보았다. 서구식 교육을 받은 밍꺼에게 자바 문화의 부정적인 측면을 인식하고 서양의 문화와 구분하는 것은 당연한 일이었다. 뻐라무디아는 밍꺼를 동양과 서양의 문화를 모두 수용하는 인물로 그렸다. 이것은 밍꺼가 두 어머니(어머니와 장모)를 모두 존경하고 따르는 것으로 상징된다. 밍꺼의 어머니(Bunda)는 자식을 사랑하고 자바인의 삶의 원칙에 철저한 어머니이며, 그로부터 자바의 전통을 배웠다. 장모(Nyai)는 서구식 교육으로 유럽의 세계관을 가진 농장주이며, 그로부터는 서구의 사고방식을 배웠다.

49 *Jejak Langkah*, p.230.

밍꺼는 자신이 속한 자바의 찬란한 문화, 그리고 교육을 통해 습득한 서양의 긍정적인 문화를 수용할 수밖에 없었다.

뿌라무디아는 두 개의 서로 다른 문화 사이에서 배회하는 주인공 밍꺼의 이미지를 효과적으로 그려냈다. 정확히 말하면 밍꺼는 자바의 봉건적인 사고방식보다는 서구의 자유로운 사고방식을 선호하는 쪽으로 기울어져 있다고 보아야 한다. 동·서양의 문화를 수용하는 문제로 어머니와의 갈등이 있을 때 밍꺼는 어머니의 의견을 배격하기보다는 설득하려고 노력했다. 아들에게 강요하지는 않지만 자바의 전통을 내려놓기를 바라지 않는 어머니의 모습은 다음 대화에서 드러난다.

"너는 이제 더 이상 자바 사람이 아닌 것 같아, 밍꺼. 네덜란드 교육을 받더니 이제 네덜란드 사람이 다 됐어. 구릿빛 피부의 네덜란드인. 혹시 이미 기독교 신자가 된 것은 아닌지."

"아, 어머니, 너무 나가셨어요. 저는 여전히 옛날과 똑같은 어머니의 자식입니다."

"옛날의 내 아들은 이렇게 반항하지 않았지."

"전에는 제가 어떤 것이 옳고 그른지를 몰랐어요. 제가 지금 부정하는 것은 옳지 않은 것에 대한 부정이예요, 어머니."

"그것은 네가 이미 더 이상 자바 사람이 아니라는 표시야. 누가 더 나이가 들었는지, 누가 더 존중받아야 하는지, 그리고 누가 더 힘이 있는지에 대한 관심이 없어."

"아, 어머니, 저를 그렇게 꾸짖지 마세요. 저는 진실된 것을 존중할 뿐입니다."

"자바 사람들은 나이가 더 많거나 힘이 더 있는 사람에게 무릎을 꿇는데 그것이 존중을 표시하는 최고의 방법이지. 우리는 용감하게 질 줄 알아야 해, 밍꺼. 아마도 너는 그러한 사실도 이미 잊고 있을 지도 몰라."

"아직 기억합니다, 어머니. 자바의 고전들을 아직도 열심히 읽고 있어요. 하지만 그것은 잘못된 자바 사람들의 잘못된 생각입니다. 용감하게 무릎을 꿇는다면 마구 짓밟히고 맙니다, 어머니."

"너는 너무 많은 네덜란드 사람들과 어울리고 있어. 그래서 이제는 네 민족들과 어울리기를 꺼려해. 너의 형제들 그리고 네 아버지까지도. 편지에 대한 답장도 안 하지. 혹시 이 어미도 싫어하는 것 아닌가?"

"용서하세요, 어머니. 그렇게 말하지 마세요, 어머니. 제가 저지른 잘못보다 더 엄하게 저를 벌하지 마세요. 저는 단지 자바 사람들이 모르고 있는 것을 알고 있을 뿐입니다. 그러한 지식은 유럽인들 소유이고 저는 그들로부터 배웠을 뿐입니다."[50]

빠라무디아는 적어도 근대화 시기에 자바의 세계관이 유럽에 뒤져 있다는 것을 인정했다. 그리고 그는 자바가 유럽 국가의 식민 통치를 받게 된 원인은 유럽 세력의 탐욕과 더불어 자바 세계관의 부족함이라고 보았다.[51] 작가는 이러한 관점에서 유럽의 학문을 연마하고 그것을 민족의 발전에 적용하려고 노력하는 모습의 밍꺼를 그려냈다. 쁘라무디아는 자바 사회의 정적이고, 수동적인 성향이 발전을 가로막는다고 보았다. 자바의 보수적인 성향과 변화를 바라지 않는 세계관이 창의력을 두려워하는 사회로 만들었다고 생각했다. 인도네시아의 전통 악대인 가멀란은 각 지역마다 악기 구성 및 합주 형

50 *Bumi Manusia*, p.124-125.

51 이에 대하여 *Anak Semua Bangsa*, p.96을 참조.

태가 다르다. 쁘라무디아는 자바의 가멀란 연주를 예를 들어 자바인의 성향을 다음과 같이 특정했다.

> 자바 가멀란은 메시아를 기다리기만 하는 한 민족의 소망을 노래하고 있다. 메시아를 직접 찾아간다거나 낳는 것이 아니고 그냥 기다리고만 있다. 자바 가멀란은 기도나 주문을 반복해서 외우는 것처럼, 찾아 나서지 않고, 제 자리에서 돌기만 하고, 반복하기만 한다. 그 결과 사람의 사고를 사장시키고 사람을 지치고 바른 길로 인도하지 못하며 개인의 영역이 없는 자바인의 삶을 상징한다.[52]

자바인들의 이와 같은 세계관은 타산 의식(sepi ing pamrih)과 함께 융화주의를 실현하기 위하여 인도네시아인들이 중요시하는 가치인 책무 의식(rame ing gawe)과 관련이 있다. '라메 잉 가웨'를 어의적으로 해석하면 '공동으로 활동적임'이지만 이것이 함축하는 바는 크고 작은 공동체에서 자신만의 책무를 다해야 함을 말한다. 수뜨리스노(Soetrisno)는 이것을 자신뿐만 아니라 가정, 사회, 인류 공영을 위하여 책무를 다하는 것으로 설명하였다.[53] 한편, 뮐더는 이를 설명하면서 농부, 종, 관료, 통치자를 각각 자신의 업(karma)으로 알고 맡은 바 임무를 충실하게 수행하되 창의력(initiative)의 발휘를 금기시하는 것이라고 하였다.[54] 이것은 특별한 재능과 개성이 있는 일을 하거나 남달리 포부가 원대한 사람의 등장을 꺼려하는 성향을 낳았다. 이러한 책무 의식은 인도

---

52 *Bumi Manusia*, p.188.

53 Soetrisno, *Falsafah Hidup Pancasila Sebagaimana Tercermin Dalam Falsafah Orang Jawa*, p.11.

54 Niels Mulder, *Mysticism and Everyday Life in Comtemporary Jawa: Cultural Persistence and Change*, p.37.

네시아인들에게 공동체(사회)의 변화를 기대하기보다는 기존의 공동체 내에서 융화를 지키는 것을 더 중요하게 인식하였다. 따라서 인도네시아인들은 좋은 사회로의 변혁조차도 별로 중요시하지 않는 경향이 있는데 그것은 그 과정에서 사회의 융화를 깨뜨릴 여지가 있다고 여기기 때문이다.

『돛이 펴지다(Layar Terkembang)』 표지

이와 같은 태도는 인도네시아의 다른 작가들의 작품에서도 쉽게 찾아볼 수 있다. 수딴 딱디르 알리샤바나의 소설 『돛이 펴지다(Layar Terkembang)』의 주인공 마리아(Maria)는 여성 해방을 위하여 노력하는 여성운동가로 묘사된다. 그러나 그녀는 콜레라에 걸려 목숨이 위태로워지자 자신이 사랑했던 유숩(Yusuf)과 언니인 뚜띠(Tuti)가 사랑의 결실을 맺기를 당부하며 죽게 된다. 결국 당대의 사회가 마리아의 선각자적인 여성운동을 받아들이지 못한 것으로 보이며 이것은 바로 책무 의식의 한계를 넘은 것으로 보아야 한다.

또한 뿌뚜 위자야(Putu Wijaya)의 소설 『전보(Telegram)』(1973)에 나타난 바와 같이 주인공이 그의 어머니가 사망했다는 전보를 받고 그의 고향인 발리(Bali)로 내려가야 하는 처지에 놓였다. 이는 그가 정식으로 대가족을 이끌어 가는 책무를 떠맡는 것을 의미하며 그로서는 넓은 토지와 세 채의 집을 관리해야 함은 물론이고 전통적인 제례를 담당해야 하는 것이다. 그에게는 이러한 책무가 "자신을 죽이는 것과 같지만 가족의 연을 끊기 전에는 이 책무를 지켜야 한다고 생각하고" 귀향하는데 이것은 인도네시아인들의 전형적인 책무의식을 엿볼 수 있는 대목이다.

힌두교, 불교, 그리고 이슬람과 접했을 때 수용적이고, 우연하며, 창조적이기까지 했던 자바 문화는 네덜란드 식민 통치가 시작되면서 쇠퇴했다. 오랜 식민 통치 기간 동안 사고, 비전, 그리고 세계관에서 변화를 경험했다. 네덜란드의 비정치 국가 개념에 적응하면서 관료들의 엘리트 의식과 종교적 신념도 약해졌다. 쁘라무디아는 마자빠힛 왕국이 몰락하면서 그들이 지배하던 바다에서의 영향력도 쇠퇴했다고 믿었다. 그야말로 북으로 뻗어나가던 기운이 더 이상 힘을 발휘할 수 없었던 것이다. 이것이 외부의 대문명과의 교류를 끊어지게 만들었고, 그 결과 꿈과 환상만이 남았다고 했다. 쁘라무디아가 자바의 문명과 그들의 해양에서의 영향력을 연결지은 것은 탁월하다. 그리고 그는 부담이 되는 자바의 부정적인 역사를 떨쳐 내는 것만이 찬란한 역사를 소유했던 그들 민족을 다시 번영의 길로 들어서게 할 수 있다고 믿었다.

6 / 민족의식의 태동

앞에서 이야기한 바와 같이 인간의 대지 4부작은 인도네시아의 언론의 아버지로 추앙받는 띠르또라는 인물과 그의 행적을 모델로 한 역사 소설이다. 이것은 쁘라무디아가 띠르또의 사상과 구상을 긍정적으로 생각하고 그의 역사적 행적을 재해석해 보려고 한 것이다. 띠르또는 인도네시아가 식민 통치를 받을 때 민족주의 운동을 주도한 인물이다. 그는 인도네시아 역사에서 민족주의 운동의 효시로 생각하는 부디 우또모 운동보다 2년 앞서 인도네시아의 민족의식을 일깨우려고 노력한 이슬람동맹(Sarekat Islam) 운동을 주도했다.

이와 같은 관점에서 볼 때 쁘라무디아가 이 소설에서 표출하려고 하는 것 중의 하나가 인도네시아 민족주의 운동에 대한 자신의 견해이다.

인도네시아는 다종족 국가로서 1세기경 인도, 중국 등의 선진 문화가 유입되기 시작하였으며 16세기부터는 교역을 빌미로 진입한 포르투갈, 네덜란드 등의 서구 세력으로부터 20세기 중반까지 350년 이상의 식민 통치를 경험한 국가이다. 민족국가가 민족의 정서적 문화적 동질성에 기초한 국가의 형성을 기본 목표로 한다는 관점에서 볼 때 인구 2억 2천만의 인도네시아가 민족 국가를 완전하게 이루었다기보다는 지금도 그 과정에 있다고 보는 편이 옳을 것이다. 각각의 언어를 가진 330개의 종족을 인도네시아 민족으로 묶는다는 것부터가 무리가 있으며, 일부 지역의 분리·독립 문제 등 아직도 국가 통합이 안 된 상태로 볼 수도 있기 때문이다. 이러한 인도네시아가 민족 국가를 형성하는 과정에서 민족 문학의 역할을 조명해 보는 작업은 흥미 있는 일일 것이다.

앤더슨은 모든 사회적인 실재는 문화적 역사적으로 구성되어 있으며 민족주의도 자연발생적인 집단이 아니고 역사적인 과정을 통하여 문화적으로 구성되어 있다고 하였다. 그런 의미에서 민족이 이른바 '상상된 공동체'라는 과정을 거친다는 그의 이론은 이 연구를 수행하는 데 매우 유용한 논거를 제공한다. 앤더슨은 왕조 국가가 붕괴하고 민족 국가가 등장하는 과정에서 인쇄자본주의 발달로 인한 소설과 신문 등 출판물의 대량 생산이 민족 공동체의 실재를 구성하고 재현하는 데 큰 기여를 했다고 본다. 그의 이론의 장점은 인쇄자본주의가 실제로 특정한 영토 내에서 사람과 사람을 연결해 주는 역할을 하여 상상의 공동체를 이루게 했다고 보는 데 있으며 이러한 관점에서 언어를 매재로 하는 소설(문학)의 역할이 과소평가되어서는 안 된다.

쁘라무디아는 인도네시아 군도에 흩어져 있는 제 민족들을 규합하는 요소로서 동일 언어(말레이어/인도네시아어) 및 동일 종교(이슬람)를 매우 중요시하였다. 언어에 있어서 가장 중요한 것은 실제로 특정한 결속감을 형성하고 상상의 공동체를 창조해 낼 수 있는 능력이며, 이슬람이라는 동일한 종교가 이 지역의 결속을 도모하고 민족의식을 일깨우는 데 도움을 주었다고 주장하는 저명한 동남아 학자들의 견해와 일치한다. 이와 같은 견해들은 "프랑스 혁명이 현대적 의미에서 형성된 당이나 운동에 의해 체계적 강령을 수행하려는 사람들이 만들고 선도한 것이 아니고, 결국은 인쇄자본주의의 발달에 힘입어 수백만의 활자화된 단어들에 의하여 개념으로 형성되었다"고 주장하는 홉스봄(Eric Hobsbawm) 같은 학자들의 견해로 말미암아 더욱 더 힘을 얻게 된다.

1) 상상된 공동체

민족주의를 설명하는 데 있어 앤더슨이 홉스봄, 헤이어스(Carleton J. H. Hayes), 콘(Hans Kohn), 슈어츠(Benjamin Schwartz) 같은 학자들과 구분되는 것은 기존의 학자들이 정치·경제적 접근 방법을 사용하고 있는 데에 반하여 앤더슨은 문화인류학적인 관점에서 민족주의의 기원을 설명한다는 점이다. 앤더슨은 『상상된 공동체(Imagined Communities)』에서 민족은 원초적으로 구성되는 자연적 집단이 아니고 문화적으로 구성된 '상상된 공동체(imagined community)'라고 설명하였다. 그는 이전의 종교 공동체나 왕조가 붕괴하고 의미 있는 공동체로서 민족이 등장하게 된다고 하면서 이 과정에서 인쇄자본주의의 발달로 인한 자국어 신문 및 소설 등 출판물의 대량생산이 민족이라는 상상의 공동체를 형성하는 데 큰 역할을 했다고 주장한다.

앤더슨은 우선 기존의 민족주의 이론가들이 다음의 세 가지 모순된 사항으로 인하여 당혹해 한다고 하였다. 즉, (1) 역사가들의 객관적인 안목으로

『상상된 공동체(Imagined Communities)』 표지

는 민족들이 근대성을 가졌지만 민족주의자들의 주관적인 안목으로는 전근대적이라는 점, (2) 현대의 모든 사람들은 '그' 혹은 '그녀'로서 성별을 가진 것처럼 국적을 가질 수 있고, 가져야 하고, 가질 것이라는 사회문화적 개념으로서의 형식적 보편성이 있는 반면에 정의상 그리스 국적은 독특한 것처럼 그 구체적 표현에 있어서 바꿀 수 없는 특수성이 있다는 점, (3) 민족주의는 정치적인 위력이 있는 반면 철학적인 측면에서는 내용이 빈곤하고 앞뒤가 맞지 않는다는 점 등이 그것이다. 그러므로 앤더슨은 민족을 '상상된 정치적 공동체(imagined political community)'로 정의하면서 이것은 본질적으로 제한되고 자주적인 것이라고 하였다.

앤더슨은 민족을 설명하면서 가장 작은 민족의 구성원들도 대부분의 자기 동료들을 알지 못하고 만나지 못하며 심지어 그들에 관한 이야기를 듣지도 못하지만 구성원 각자의 마음에 서로 공감대가 형성되기 때문에 상상된(imagined) 것이라고 하였다. 이러한 관점에서 민족은 제한적일 수밖에 없다. 그것은 아무리 많은 인구를 가진 민족(국가)이라고 해도 일정한 경계를 기준으로 그 너머에는 다른 민족이 살고 있기 때문이다. 즉, 모든 인류를 동일한 민족으로 묶을 수는 없다는 말이다. 또한 민족은 자주적인 것으로 상상된다고 볼 수 있는데 그것은 계몽사상과 혁명이, 신성하고 계층적인 왕국의 합법성을 무너뜨린 시대에 태어났기 때문이다. 마지막으로 민족이 공동체로 상상되는 이유는 각 민족에 만연되었을 수 있는 불평등과 착취에도 불구하고 민족은 언제나 심오하고 평등한 동료의식으로 상상되기 때문이라고 하였다.

앤더슨은 18세기 말에 종교적 확신이 부식함으로 인하여 민족주의가 나타났다거나 혹은 민족주의가 종교를 대체한다고 주장하는 것은 아니다. 그가 제안하는 것은 민족주의는 의식적으로 주장된 정치적 이데올로기와의 결합에 의해서가 아니라 민족주의를 앞선 큰 문화 체계와의 결합에 의한 것으로 이해되어야 한다는 것이며, 이를 설명하기 위한 적절한 문화 체계는 종교적 공동체와 왕조이다. 현대의 민족 공동체와는 구별되는 고전적인 종교 공동체에서는 성스러운 언어를 통하여 상상된 공동체를 유지하였으나 이러한 무의식적인 결합력은 중세 말기 이후 비유럽 세계에 대한 탐험 및 성스러운 언어 자체의 지위 격하로 말미암아 쇠퇴하였다. 또한 현대적 개념에서는 국가의 주권이 법적으로 구획된 영토 위에 완전하고 공평하게 작용되는 것에 반하여 중앙집권적인 왕조의 상상체는 국가 간의 경계가 불분명하며 주권국들이 서로의 내부로 감지할 수 없게 사라졌다. 그는 성스러운 공동체, 언어 그리고 혈통의 퇴조 밑에 세계를 이해하는 양식 측면에서 근본적인 변화가 일어남으로써 다른 무엇보다도 민족을 고려하게 만들었다고 본다.

민족주의의 기원을 조사하기 위하여 앤더슨은 이른바 '동시성(simultaneity)'의 개념을 충분히 고려할 것을 주문한다. 동시성은 벤자민(Walter Benjamin)이 명명한 '구세주적 시간(Messianic time)', 즉 순간적인 현재에 과거와 미래가 동시에 나타나는 것과 가까운 것이며 이의 출현은 세속 과학의 발달과 확실히 연결된 것으로 본다. 중세의 순간적인 현재에 과거와 미래가 동시에 나타나는 시간상의 동시성이라는 개념을 대체하게 되는 것은 벤자민의 용어를 사용하자면 '동질적이고 공허한 시간(homogeneous, empty time)'이다. 앤더슨은 동질적이고 공허한 시간 안에서의 동시성은 이른바 시간을 가로지르면서 예언과 완성에 의해 표시되는 것이 아니라 시간적 우연의 일치에 의해 표시되고 이 시간적 우연의 일치는 시계와 달력에 의하여 측정된다고 본다. 이러한 변형이 상상의 공동체로서 민족의 탄생에 중요한가에 대하여 앤더슨은 18세기 유럽에서 처음 꽃핀 상상의 두 가지 형태, 즉 소설과 신문의 기본 구조를 예로 들어 설명한다. 왜냐하면 소설과 신문은 민족이라는 상상의 공동체를 재현하는 기술적 수단을 제공했기 때문이다.

사회적 유기체가 동질적이고 공허한 시간을 통해서 달력의 시간에 맞추어 움직인다고 생각하는 것은 역사를 따라 앞뒤로 꾸준히 움직이는 견실한 공동체로 민족을 생각하는 것에 비유할 수 있다. 앤더슨이 예를 든대로 한 미국인은 2억 7천이 넘는 미국인 중 극소수를 제외하고는 전혀 만나지 못하고 심지어는 이름도 모를 것이다. 그는 어느 특정 시점에 다른 사람들이 무엇을 하고 있는지 전혀 모른다. 그러나 그 사람은 동료 미국인들의 꾸준하고 동시적인 익명의 활동에 완전한 신뢰심을 갖고 있다.

같은 맥락에서 앤더슨은 필리핀 민족주의의 아버지 호세 리잘(Jose Rizal)의 『놀리 메 탕게레(Noli Me Tangere)』, 인도네시아 민족주의 작가 마스 마르코(Mas Marco Kartodikromo)의 『검은 스마랑(Semarang Hitam)』 등의 소설을 예로 들면서 이러한 소설이 필리핀, 혹은 인도네시아 독자들로 하여금 상상의 공동체를 떠올리게 한다고 하였다. 예를 들면 『나를 만지지 마라(Noli me tangere)』에 나오는 “아직도 알아볼 수 있는 안로아구가에 있는 집…(a house on Anloague Street which may still be recognized…)”이라는 구절에서 그 집을 알아보는 사람은 우리, 즉 필리핀 독자들이다. 소설의 내부적 시간으로부터 독자들의 일상생활이라는 외부적 시간으로의 이 집의 우연한 진행은 등장인물과 독자를 포용하고, 달력상의 시간을 통해 앞으로 움직이면서 단일 공동체의 단결을 최면처럼 확인해 준다.

또한 소설의 어조를 통하여도 작가는 독자들의 신원에 대하여 전혀 모르지만 그들 서로 간의 관계가 전혀 문제될 것이 없는 것처럼 묘한 친근감을 가지고 글을 쓰는 것이다. 마스 마르코의 『검은 스마랑』을 통하여 인도네시아 독자들도 곧 물리적인 시간과 익숙한 풍경 속으로 빠져 들어간다. 아울러 작가가 주인공의 이름 대신에 '우리의 젊은이'로 표기하고 있는 바 이는 인도네시아인들의 '상상된 공동체'에 속하는 젊은이를 뜻한다.

인쇄자본주의의 발달로 말미암아 많은 사람들이 새로운 방식으로 그들 자신에 대해 생각하고, 그들 자신을 다른 사람에게 연결해 주었으며 그 결과 민족을 결속시킨다. 앤더슨에 의하면 민족의식의 기원은 라틴어의 비어화, 종교 개혁, 그리고 지방 행정어의 우연한 발달이 중요한 역할을 하였다. 물론 라틴어의 퇴조나 기독교 세계의 붕괴 없이도 민족주의라는 새로운 상상의 공동체 출현을 가정할 수 있다. 긍정적 의미에서 새 공동체들을 상상할 수 있게 한 것은 생산 관계의 상호 작용(자본주의), 커뮤니케이션의 기술(인쇄술), 그리고 숙명적인 인간 언어의 폭발적인 상호 작용이다. 이 인쇄어(print-languages)는 특별한 방식으로 민족주의를 위한 기초를 닦았다.

우선 인쇄어는 라틴어와 구어체 지방어 사이에서 교환과 커뮤니케이션의 통일된 장을 만들었다. 대화가 불가능했던 다양한 사람들은 인쇄물과 신문을 통해 서로를 이해할 수 있게 되었다. 그 과정에서 그들은 점차 자기들의 언어의 장(language-field)에 있는 수많은 사람들을 의식하게 되고 동시에 그들이 같은 언어권에 속하는 사실을 알게 되었다. 이 인쇄물을 매개로 연결된 독자들은 세속적이며 특정하고 눈에 보이지 않는 민족으로 상상된 공동체의 싹을 형성하게 된다. 또한 인쇄자본주의는 언어에 새로운 고정성을 부여하였고, 이는 결국 민족이라는 주관적 개념이 오래된 것이라는 이미지를 심는데 도움을 주었다. 결과적으로 인간 언어의 숙명적 다양성 위에 자본주의와 인쇄술의 수렴이 그 기본 형태에 있어 현대 민족을 위해 무대를 만들어 놓고 새로운 형태의 상상된 공동체를 창조했다고 할 수 있다.

앤더슨이 주장하는 것은 이 과정에서 경제적 이해나, 자유주의, 혹은 계몽주의도 그 자체로서 구체제의 약탈로부터 방어되어야 할 상상의 공동체의 성격이나 형태를 창조할 수 없었다는 것이다. 다시 말하면 그 어느 것도 찬탄이나 혐오의 중심 대상에 대항한 새로운 의식의 틀을 제공하지 못했으며 이 특정 임무를 수행하는 데 지방 크레올(creole) 인쇄업자들이 결정적인 역할을 했다고 본다.

앤더슨이 "민족은 독자적인 문화와 언어를 가지고 있기 때문에 민족일 수 있다."라고 한 허더(Johann G. Herder) 등의 주장에 귀를 기울이는 것은 고유 민족 언어로 된 신문이나 소설의 역할이 민족의식 형성에 기여한 공로를 믿기 때문이다. 그러니까 인쇄자본가들에 의한 지방어 서적이나 신문의 대량 출판은 동일한 언어를 사용하고 동일한 활자로 된 서적을 읽는 사람들이 서로 같은 민족의 일원으로 의식하게 만들었다는 사실에 주목하는 것이다. 그럼에도 불구하고 앤더슨은 아프리카와 필리핀 등 식민 통치를 경험한 나라의 민족주의 운동을 예로 들어 이러한 고유 민족 언어가 민족주의 발달에 필수적인 것은 아니라는 입장이다. 다인종 사회로서 동시에 다언어로 구성된 이들의 민족주의는 오히려 식민 통치국의 언어로써 발달됐기 때문이다.

앤더슨은 동일한 언어 사용 집단을 중심으로 한 민중 민족주의(popular nationalism)의 발달이 왕조 국가의 지배자를 위협하게 되고 그 결과 지배 계층은 특정 민족 문화와 민족의 대표로 자신을 포장하여 왕조 국가가 민족 국가로 변하게 되는데 이를 관주도민족주의(official nationalism)라고 하였다. 이 경우 특정 언어와 문화는 지배 계층에 빼앗긴 것으로 볼 수 있다. 이러한 관 주도 민족주의는 민족으로 상상된 공동체의 출현 과정에서 배제될 위협을 느낀 왕조 국가의 지배 계층이 택한 예상된 전략이며 그 예는 20세기 초 태국의 쫄라롱껀 왕조 등에서 찾아볼 수 있다. 예를 들어 와치라왓(Wachirawat) 왕은 국가가 통제하는 초등 의무 교육, 역사의 공식적 재편찬, 과시를 위한 군국주의, 그리고 왕조와 민족의 정체성에 대한 부단한 확인 정책 등을 펼쳤는데 이는 관주도민족주의를 위한 정책 수단이었다.

앤더슨에 의하면 아시아와 아프리카의 식민 지역에서 일어난 민족주의의 '마지막 물결'은 산업자본주의의 성과에 의하여 가능해진 새로운 형태의 전세계적 제국주의에 대한 반응에 기인한다. 자본주의는 적어도 인쇄술의 발달에 의해 유럽에서 지방어에 기초한 민중민족주의가 창출하는 데 도움을 주었다. 유럽의 민족주의는 오래된 왕조들의 원칙들을 무너지게 하였고 모든 왕들이 그렇게 할 수밖에 없는 위치에서 스스로 민족에 동화될 수 있도록 만들었다. 새로운 민족의 원칙과 오래된 왕조 원칙의 봉합인 관주도민족주의는 다른 유럽 식민지에서의 동화 정책으로 부를 수 있는 현상으로 이끌었다. 이러한 이념적 경향은 현실적으로 급박한 요구와 아주 잘 맞물렸다.

19세기 후반의 제국들은 소수의 민족들에 의하여 통치되기에는 너무 방대하였다. 게다가 자본주의와 결합한 국가는 그 기능을 급속도로 배가하고 있었다. 이에 따라 국가와 기업의 관료 체계에 필요한 하급 관리를 배출하기 위한 동화 지향의 학교 제도를 고안하게 된다. 특정한 교육과 행정 경험의 결합은 원주민들이 자신들을 민족으로 보게 되는 새로운 상상의 공동체를 위한 기반을 제공하였다. 원주민을 학교와 관리직에 등용한 식민 국가의 발달과 그들을 지도층에서 배제한 식민자본주의의 발달로 초기 식민지 민족주의의 중요한 대변자는 지방 부르주아 계층에 연결되지 않은 이중 언어를 사용하는 외로운 지식층이었다. 그러나 이중 언어를 사용하는 지식인으로서 그들은 민족주의의 모형에 접근할 수 있었고, 이러한 모형들은 이상을 현실로 만드는 데 기여하였다.

앤더슨은 자본주의가 물리적 그리고 지적 통신 수단을 급속도로 변형시킴에 따라 지식인들은 문맹의 대중뿐만 아니라 다른 언어를 읽을 수 있는 대중에게 상상의 공동체를 선전하는 다른 방법을 모색하기에 이르렀다고 진단한다. 하지만 앤더슨은 민족 문화의 전수자를 자칭하며 민중들에 대한 지배와 억압을 민족의 이름으로 정당화하는 관주도민족주의를 경계한다. 앤더슨이 희망하는 것은 민중이 주도하는 민중민족주의를 이상적인 형태로 보기 때문이다.

2) 인쇄 매체와 민족의식

19세기 말과 20세기 초 인도네시아 군도에 거주한 사람들의 문맹률이 높았던 것과 관련하여 당시의 인쇄물이 많지 않았을 것임을 쉽게 짐작할 수 있다. 문맹률은 초등 교육 기관의 수를 살펴보면 알 수 있는데 당시 인도네시아 군도에는 1,584개 학교에서 118,011명이 교육을 받고 있었다. 이 숫자는 당시 일본의 60,000개 초등학교에서 3,500,000명의 학생들을 교육하고 있었던 것과 비교될 수 있다. 당시에 글을 읽을 수 있던 사람들은 도회지에 거주하는 유럽 혼혈인들 혹은 중국계 인도네시아인들이었다. 대부분의 토착인들은 사회경제적인 여건이 허락하지 않아서 피교육의 기회를 가질 수 없었고 따라서 문맹의 상태에 있을 수밖에 없었다. 문맹률 이외에도 당시에는 책값이 비교적 비쌌기 때문에 단행본이 출간될 경우 인도네시아 군도 전 지역에서 500부 정도가 팔렸다.

그럼에도 불구하고 위에 언급한 수치는 이 지역에서 허구적 이야깃거리(cerita)에 대한 흥미가 적다거나 의미가 없다는 것을 나타내지는 않는다. 이 지역에는 전통적으로 이야깃거리나 동화가 그들의 삶을 지배해 왔으며 심지어는 삶의 지표로까지 여겼다. 당시에 출간된 신문의 구성을 살펴보면 단편 소설이나 연재 소설, 번역 소설 등의 비중이 적지 않은 바 이것을 반증하는 것으로 볼 수 있다.

전술한 이야기 시장(pasar cerita)의 규모는 단순히 읽고 쓸 줄 아는 능력을 가진 사람들의 수효로만 판별할 일이 아니다. 당시 이 지역에서는 문맹일지라도 경제력이 있는 사람들은 사람을 고용하여 신문이나 소설을 읽게 하고 필요한 경우는 그로부터 설명을 듣기도 하였기 때문이다. 당시 인도네시아 군도에 거주하던 사람들은 인쇄 매체를 가까이함으로써 식민 통치 정부의 새로운 법령이나 규정, 정보를 신속히 입수하여 자신이 불이익을 당하거나 어려움에 처하는 것을 피하려고 하였으며 아울러 신문에서 제공하는 소설이나 동화의 세계를 공유하고자 했기 때문이기도 하다.

20세기 초까지 인도네시아 군도에서 인쇄 매체를 장악한 계층은 유럽인과 유럽계 혼혈인이었다. 1858년부터 1900년 사이에 자카르타(당시는 버따위) 지역에서 발행된 14개의 신문 및 수라바야 지역에서 발행되던 6개의 신문은 모두 유럽인과 유럽 혼혈인들의 소유였다. 이와 같은 유럽인 혹은 유럽 혼혈인 주도의 언론사에서 토착인과 중국계 혼혈인들은 보조적인 편집일을 도와주었다. 물론 이 시기에 리킴혹(李錦福, 1853~1912)이나 이브라힘 마라 수딴 (Ibrahim gelar Marah Soetan, 1854~1954) 같은 작가가 나타났다. 리킴혹은 '버따위류 말레이어의 아버지'로 추앙받는 인물로서 언론 부분에서의 공적은 지대하나 그를 순수한 작가로 보기는 어렵다. 이브라힘 마라 수딴은 초등학교에 재직하면서 말레이어 교재를 제작하고 신문과 잡지에 소설을 기고하였으며 1902년에는 〈빈땅 힌디아(Bintang Hindia)〉지에 아쩨(Aceh)에 관한 르포르타

리킴혹(李錦福)

TJAJA-SOEMATRA.

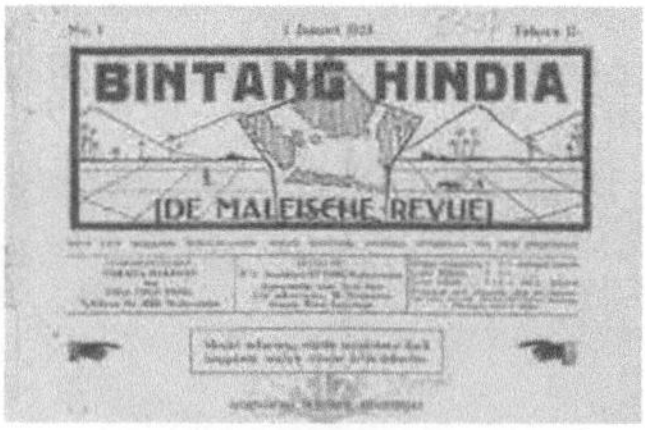
BINTANG HINDIA
(DE MALEISCHE REVUE)

〈짜야 수마트라(Tjaja Soematra)〉와 〈빈땅 힌디아(Bintang Hindia)〉지

주를 쓰기도 하였다.

중국계 혼혈인으로서 언론계의 편집진으로 활약한 사람은 리 비안 고안과 림 순 히안을 들 수 있는데 이들은 각각 서부 수마트라의 빠당(Padang) 지역에서 발행되던 〈뻬르짜 바랏(Perca Barat)〉(1890~1933)과 〈짜야 수마트라(Tjaja Soematra)〉(1899~1933)에서 일하였다. 이들보다 훨씬 이전에 스테파누스 산디만(Stefanoes Sandiman)과 마스 마르꾸스 가리또(Mas Markus Garito)는 토착인으로서 기독교계 잡지 〈무지개(Bianglala)〉의 편집진으로 활약한 바 있다.

자신의 인쇄 매체를 소유한다는 것은 책임을 동반하기는 하지만 더 많은 언로의 자유를 소유함을 의미한다. 이와 같은 자유를 소유하기 위하여 19세기 말과 20세기 초에는 유럽인과 유럽계 혼혈인의 뒤를 이어 중국계 혼혈인들이 인쇄 매체를 경영하기 시작하였는데 19세기 말 버따위의 코쳉비(Kho Tjeng Bie & Co) 및 추이 투이 양(Tjoei Toei Yang), 그리고 1902년 수라까르따의 시 디안 호(Sie Dhian Ho)사가 이에 속한다. 1880년대에 리킴혹은 보고르에서 출판사를 경영하면서 『여성(Orang Prampoewan)』이라는 시집을 출간하기도 하였고, 그 후 1886년에는 버따위로 옮겨 메울렌호프가 경영하는 '뻼브리따 버따위(Pemberita Betawi)'

에서 일하였다. 이러한 측면에서 살펴볼 때 적어도 1906년까지는 토착인과 중국계 혼혈인들의 이른바 언로의 자유가 매우 제한적인 것이었다.

인도네시아 군도에서 토착인이 주도하는 인쇄 매체가 등장한 것은 1906년이었다. 이 해 인도네시아 언론의 아버지로 추앙받는 띠르또는 보고르, 반둥, 버따위에 배포된 〈메단 쁘리야이(Medan Prijaji)〉(1906~1912)지를 창간하였다. 전술한 바와 같이 이와 같은 현상은 앤더슨이 설명하는 상상의 공동체를 형성하는 역할을 하였다.

3) 언어와 민족의식

인도네시아라는 민족국가를 형성하고 국가의 통합을 유지하는 데 있어서 중요한 요소가 되는 것 중의 하나는 그들의 국어인 인도네시아어이다. 1928년의 청년의 맹세(Sumpah Pemuda)에서 인도네시아인들은 당시에 이 지역에서 교통어(lingua franca)역할을 하던 말레이어를 그들의 국어인 인도네시아어로 규정하였다. 당시 이 지역 교통어 역할을 하던 말레이어는 동남아 지역 진출의 교두보였던 말라카를 통하여 들어온 이슬람 선교사 등 외래인들이 사용하고 발전시켰다. 따라서 북부 자바 지역에서 사용된 이슬람 경전들이 자바어가 아닌 말레이어 번역본이거나 드막(Demak) 왕조의 첫 번째 이슬람 왕이 말레이어를 사용한 것은 자연스러운 일이다. 포르투갈인들도 말라카를 중심으로 한 지역에서 영향력을 넓히기 위하여 행정어로서 말레이어를 사용하였으며 네덜란드인과 영국인들도 마찬가지였다. 특히 이 지역에서 350년 동안 영향력을 행사했던 네덜란드 식민 통치 정부는 말레이어를 '잡동사니 말레이어(brabbel Maleisch)'로 비하한 적도 있지만 원활한 식민 통치를 위하여 1942

년 그들이 철수할 때까지 말레이어의 중요성을 강조하였다.

인도네시아 군도 지역에서 교통어의 역할을 한 말레이어는 저급 말레이어(시장 말레이어 혹은 중국계 말레이어)였다. 이에 반하여 고급 말레이어는 말레이 반도와 싱가폴은 영국에 의해서, 그리고 인도네시아 군도는 네덜란드에 의하여 학교에서 사용하는 표준 말레이어로 발전되었다. 이 과정에서 고급 말레이어는 주로 아랍어와 유럽어 그리고 비말레이계 누산따라 지방어에서 단어를 차용하였고 교통어 역할을 한 말레이어는 언어 사용자의 필요에 따라서 모든 방언으로부터 단어를 차용하였다. 이와 같은 저급 말레이어의 차용 방식은 그 뒤 인도네시아어로 이어졌다.

한편 네덜란드 식민 통치 정부는 고급 말레이어의 확산을 위하여 1908년 국민독서위원회(Commissie voor de Volkslectuur)를 설립하였다. 발레이 뿌스따까(Balai Pustaka)로 더 잘 알려진 이 위원회는 식민 통치 당국이 운영하는 출판사로서 학교에서 교육하는 말레이어를 발전시키고 각종 교재 및 소설을 발간하는 역할을 하였다. 이 당시의 말레이어를 인도네시아어라고 말하기는 어렵다.

지난날에는 인도네시아 군도 지역이나 네덜란드 령 인디아에 관한 모든 것에 대하여 인도네시아라고 명명한 적이 있으며 이러한 현상은 문학과 언

발레이 뿌스따까에서 발행한 사르지또(Sardjito)의 저서

어학 분야에서도 마찬가지이다. 그러나 인도네시아 군도나 네덜란드령 인디아를 현재 우리의 인식 안에 있는 인도네시아와 동일시할 수 없다. 다시 말하면 서구의 학자들이 명명하는 인도네시아는 지금 우리가 인지하고 있는 인도네시아와 다를 수 있다는 말이다. 그것은 독립 후 이 지역에 도래한 정치 사회적인 변화가 새로운 차원의 인식을 요구하기 때문이다. 1910년과 1912년 사이에 벨터브렌덴에 인도네시아출판(Indonesische Drukkerij)이라는 출판사가 있었지만 여기에 사용된 인도네시아라는 단어의 의미는 분명치 않은 지리적 혹은 민속적 의미로 국한할 수 밖에 없다. 그러나 1913년에 수와르디(R. M. Soewardi Soerjaningrat)가 헤이그에 설립한 인도네시아 통신사(Indonesische Pers'bureau)나 1928년에 빨라르(L. N. Palar)가 네덜란드에 세운 인도네시아 통신사(Pers'bureau Indonesia) 안에는 이미 우리가 지금 인식하고 있는 인도네시아의 개념이 있다고 보아야 한다.

정치적인 의미에서는 1917년에 인도네시아 군도에서 추방당한 찝또 망운꾸수모, 수와르디, 그리고 두어스 데커가 네덜란드에서 '인도네시아학생연합(Indonesische Verbond van Studeerenden)'을 설립할 때 비로소 현대적 인도네시아의 개념이 등장한다. 그럼에도 불구하고 이보다 훨씬 이전에 이 지역에서 교통어 역할을 한 말레이어를 사용한 인쇄 매체를 통하여 인도네시아 군도에 상상의 공동체가 형성되었음은 부인할 수 없다.

이와 같은 관점에서 고려해 볼 때 쁘라무디아가 그의 소설 『인간의 대지』에서 언어의 중요성을 강조한 것은 우연일 수 없다. 쁘라무디아는 주인공 밍꺼의 족적을 그려내면서 동일 언어 사용을 중요시하고 이를 토대로 대말레이 민족(Bangsa Melayu Besar)이 결속해야 함을 강조하였다. 그러니까 말레이어라는 동일 언어 사용을 그가 주창하는 대말레이 민족 성립의 기본 요소로 본 것이며 이는 앤더슨이 주장하는 바와 다르지 않다.

이 작품의 초반에 주인공 밍꺼는 자신의 모국어인 자바어나 말레이어 대신에 네덜란드식 교육을 통해 습득한 네덜란드어에 더욱 능통한 인물로 묘사된다. 그러나 유럽인으로 인도네시아 군도 지역에서 말레이어 신문을 발행하던 코머(Kommer)나 화가인 장 마레(Jean Marais) 등의 작중 인물들이 말레이어의 중요성을 강조하고 그에게도 말레이어로 글을 쓸 것을 권하면서 밍꺼는 민족의식에 눈을 뜨게 된다. 밍꺼 주변의 선각자들이 그로 하여금 말레이어로 글을 쓰도록 권유한 이유는 그 당시 이미 교통어(lingua franca) 역할을 하던 말레이어로 밍꺼가 글을 씀으로 인하여 더욱 많은 동족들이 그의 영향권 하에 있을 수 있었기 때문이다. 작품 안에서 밍꺼는 자신의 동족이 네덜란드 식민 통치 정부에게 부당한 대접을 받는 것을 좌시하지 않고 이를 네덜란드어로 발행하는 신문에 고발하였다. 따라서 밍꺼가 말레이어로 이와 같은 글을 쓰게 되면 더욱 많은 사람들이 그의 글을 읽게 되고 이로써 상상의 공동체가 형성되는 것이다. 코머 등 밍꺼 주변의 인물들은 다음과 같이 강조하였다.

> 당신이 말레이어로 쓰기 시작하면 바로 답을 얻을 수 있을 것입니다. 당신의 네덜란드어 실력은 물론 훌륭합니다. 하지만 당신이 당신의 말인 말레이어로 글을 쓰게 된다면 그것은 당신이 당신의 국가와 민족을 사랑한다는 징표입니다. …… 당신과 같은 문사가 하지 않으면 누가 당신 민족을 대화에 동참시키겠습니까?[55]

이와 같은 과정을 통하여 밍꺼는 암흑에 빠져있는 자신의 민족을 계몽시

---

55 *Anak Semua Bangsa*, p.104

키게 된다. 밍꺼는 언론을 통하여 피식민의 실상을 밝히고 이의 개선을 요구하면서 자기 자신은 어려움에 봉착한다. 이 소설의 배경이 되는 20세기 초에 자바어나 순다어 및 다른 지방어(bahasa daerah)는 이 지역에서 매우 제한적으로 사용되었다. 하지만 말레이어는 언어 사용 인구수는 적지만 말라카와 말루쿠를 잇는 향료 무역 상인들로 인하여 여러 지역에서 널리 통용되었다. 또한 1908년부터 시작된 부디 우또모(Boedi Oetomo) 등의 조직을 통한 민족주의 운동이 확산되면서 인도네시아의 지식인들은 극히 일부 계층에서 사용되는 네덜란드어로 발행되는 언론 매체를 통하여는 일반 국민들과 밀접하게 교류하는 데 한계가 있음을 인식하였다. 따라서 이들은 여러 계층에서 사용되는 말레이어를 통하여 인도네시아의 통합을 이룰 수 있고 이러한 길이 식민 통치 세력에 저항할 수 있는 발판이라는 데에 뜻을 같이하였다.

호프만은 말레이어가 15세기 중엽부터 암본 지역에서 말라카 상인들에 의하여 보급되기 시작하여 17세기 초에는 이 지역에서 널리 사용되었다고 하였다. 그리고 1620년부터 말레이어가 바타비아 지역에서 개혁 종교 언어의 역할을 하였다고 주장하였다. 한편 18세기 초에 네덜란드의 동인도 회사는 교역과 행정 분야에서 말레이어의 사용을 권장하였다. 언어학자들의 주장에 의하면 사실 이보다 훨씬 이전인 8세기경부터 말레이어가 이 지역 사회에서 의사소통의 기능을 할 수 있었으며 이것이 이 지역 통합의 중요한 역할을 하였다. 카힌은 네덜란드령 인도네시아를 통합하는 요소로서 말레이어의 발전이 중요한 요소이며 이로 말미암아 인도네시아 민족주의를 논함에 있어서 편협한 사고를 떨칠 수 있었다고 하였다.

쁘라무디아는 소설 『인간의 대지』를 통하여 말레이어가 민족의식을 형성하는 데 있어서 중요한 요소임을 증명해 보이고 있다. 그가 소설을 통하여 드러내고자 하는 것은 말레이어가 이 지역에서 교통어의 역할을 한 이외에도 이 언어는 언어 안에 카스트가 없는 실용적이고 민주적인 언어라는 점이다. 특정 국가에서 통용되는 언어에 카스트가 있다는 사실은 그 사회가 봉건적이라는 것을 반증하는 것이다. 다시 말하면 쁘라무디아는 자바 사회의 봉건적인 요소를 탈피하고 민주적이고 합리적인 사회 체제 내에서 민족주의를 논하고자 한 것이다.

이 작품의 주인공 밍꺼가 민족의식을 갖게 되는 요인은 그가 뚤랑안(Tulangan)의 뜨루노동소(Trunodongso) 사건을 접하면서 시작된다. 이 사건은 사탕수수 밭의 주인인 뜨루노동소가 헐값에 이 땅을 임차하려는 네덜란드 식민 통치 정부에게 저항하면서 발생하는데 이를 통하여 밍꺼는 자신의 민족에 대하여 심도 있는 이해가 필요함을 인식하게 된다. 이 사건의 초기에 자신이 프랑스 혁명의 신봉자임을 자처하던 밍꺼는 뜨루노동소가 자신에게 깍듯한 경어를 쓰지 않는 것에 대하여 내심으로 못마땅해 한다. 이것은 프랑스 혁명이 주창하는 평등의 사상을 진실로 받아들이지 못했음을 말하는 것이고 이것을 인지한 밍꺼는 한동안 고심하게 된다. 그의 고심은 다음의 독백에 잘 표출되어 있다. "너는 네 동족 위에 군림하던 조상으로부터 물려받은 안락함을 아직 떨치지 못한 거야."[56]

이 시점으로부터 밍꺼의 인식은 바뀌어 그동안 자신의 삶을 반성하고 민족의 아픔을 적극적으로 언론에 공표한다. 여기에서 자신의 동족이 이해하는 말레이어의 중요성이 대두되며 말레이어를 잘 구사하는 것이 자신의 이상과 목표인 민족의식을 일깨우는 중요한 요소임을 인지한다. 밍꺼가 이슬람 상인 연합의 빨렘방 지부를 방문하여 나누는 다음과 같은 대화에서 그것

---

56 *Anak Semua Bangsa*, p. 183

을 확인할 수 있다.

"동생, 우리가 왜 말레이어를 써야 하는가?" 그가 물었다.

"자바어를 아는 지부의 회의에서는 말레이어를 안 써도 됩니다. 하지만 본부 회의에서는 말레이어를 반드시 사용해야 합니다."

"왜 자바가 말레이에 패해야 하는가?"

"실용적인 것을 찾는 것입니다, 형님. 지금은 비실용적인 것은 배제되는 시대입니다. 자바어는 실용적이지 못해요. 그 언어 안의 카스트는 자신의 지위를 표시하는 과시적인 언어입니다. 모든 회원은 동등합니다. 더 높거나 더 낮은 자가 없어요. ……"

"하지만 자바 사람들이 더 많은데."

"자바 사람들은 말레이어를 배우는 데 별 어려움이 없어요. 하지만 반대로 다른 사람들이 자바어를 배우려면 몇 년이 걸립니다. 우리 실용성을 찾읍시다. 이 민족의 통합을 위하여 시대에 걸맞지 않은 명성과 부를 떨쳐버리기만 한다면 자바가 패하는 것이 무슨 문제가 됩니까?"[57]

뎬젤 카도 말레이어가 자바어보다 실용적이고 민주적인 언어라고 하였다. 언어의 속성이 인간의 감정과 사상을 전하는 기능을 갖는다는 것을 상기할 때 쁘라무디아가 이 소설에서 말레이어를 민족의식 발현의 매개어로 삼은 것은 매우 적절한 구성으로 볼 수 있다.

이와 같은 배경하에서 밍꺼는 대말레이 민족(Bangsa Melayu Besar)을 구상하였

57 *Jejak Langkah*, pp. 373-374

다. 그가 구상하는 이 민족은 당시 인도네시아 군도 혹은 그 밖의 지역에서 말레이어를 구사하는 민족을 모두 망라하는 것으로서 그 범주가 매우 포괄적이었다. 즉, 인도네시아 군도를 비롯하여 말레이반도, 태국 남부, 싱가폴, 그리고 필리핀의 말레이계를 망라하는 것이었다. 이와 같이 동일 언어 사용을 그 기준으로 삼은 것은 동일 문화와 민족 언어가 그 민족을 구성하는 요소가 된다는 앤더슨의 주장과 부합한다. 이는 나이른이 "민족주의의 새로운 중산층 인텔리겐치아들은 대중을 역사의 현장으로 초대해야 한다. 그리고 초청장은 그들이 이해하는 언어로 작성돼야 한다"라고 주장한 바와 일치한다.

앤더슨은 문학과 민족주의가 밀접한 관계가 있음을 이른바 '상상된 공동체' 모델을 통하여 설명했다. 그에 의하면 모든 사회적인 실재는 문화적으로 구성되어 있으며 민족주의도 자연발생적인 집단이 아니고 역사적인 과정을 통하여 문화적으로 연결되어 있다고 하였다. 민족 국가가 등장하는 과정에서 출판물의 대량 생산이 민족 공동체를 구성하는 데 크게 기여했으며 이러한 관점에서 소설의 역할이 매우 중요하다는 논지이다.

이러한 측면에서 고려할 때 쁘라무디아가 그의 소설 『인간의 대지』 등에서 말레이어 사용의 중요성을 강조한 것은 앤더슨의 이론을 뒷받침해준다고 볼 수 있다. 그는 '대말레이 민족'을 정의하면서 말레이어의 사용 여부를 중요한 요소로 삼았다. 쁘라무디아는 말레이어의 민주성이나 비봉건적인 측면을 고려하였지만 결국은 동일한 언어가 인도네시아 군도 지역에서 사용되어야 민족의식을 일깨울 수 있다고 보았다. 그렇게 함으로서 민족의식의 전제조건인 '상상된 공동체'를 형성할 수 있기 때문이다.

인도네시아의 식민 통치 시대 및 신질서 시대에 문학에 나타난 민족의식은 동일 언어의 사용을 통한 동질 의식을 형성하고 아울러 식민 통치 당국의 부조리를 인쇄 매체를 통하여 자국민에게 알리려는 노력에서 엿볼 수 있다.

예를 들면 소설 『인간의 대지』의 주인공 밍꺼가 말레이어를 익히고 이를 토대로 언론에 네덜란드 식민 통치 정부의 부당함을 고발하고 저항의 이미지를 표출하는 것은 민족의식의 발로임에 틀림없다.

『인간의 대지』는 2019년에 같은 제목의 영화로 제작되었다. 1980년 당시 아담 말릭 부통령이 이 소설을 영화화해야 한다는 언급이 있은 지 40년 만에 영화로 만들어진 셈이다. 사실은 2014년 팔콘 영화사(Falcon Pictures)가 제작권을 득하여 이듬해 앙기 움바라(Anggy Umbara)를 감독으로 지명하였다. 그러나 사정에 의하여 감독을 하능 브라만뚀(Hanung Bramatyo)로 바꾸어 제작 준비에 들어갔다. 2018년에 냐이 온또소로 역으로 샤 이너 페브리얀띠(Sha Ine Febriyanti)를 캐스팅하고 이어 밍꺼 역에 익바알 라마단(Iqbaal Ramadhan), 아넬리스 역에 마와르 드 종(Mawar de Jongh)이 발탁되었다. 당시 언론에서는 선발된 배우들이 과연 맡은 배역을 제대로 소화할 수 있을지를 두고 갑론을박을 하기도 했다. 2019년 8월 17일 인도네시아 독립 기념일에 상영을 시작하였으며 인도네시아 영화 팬들의 큰 호응을 얻었다.[58]

영화 〈인간의 대지〉 포스터와 하눙 브라만뚀(Hanung Bramantyo) 감독

58 이 영화의 관람객은 1,316,583명으로 집계되었고 수입은 530억 루피아였다.

V
낯설지 않은 이방인

문학에 대한 유수한 이론가들의 다양한 정의에도 불구하고 문학 현상이 하나의 사회 현상이라는 사실을 부인할 수는 없을 것이다. 그것은 근본적으로 인간의 삶 속에서 형성된 인간적 산물이며, 사회 현실을 반영함으로써 다시금 그 현실에 반작용하는 사회적 의식이다. 이는 문학의 생산 주체인 작가도 역시 사회 구성원의 하나로서 그가 속한 사회의 제반 문제에 대하여 관심을 갖게 될 것이며 어떻게든 이를 자신의 작품 안에 형상화시킨다는 사실을 생각해 볼 때 더욱 설득력을 갖게 된다. 쁘라무디아는 문학 행위를 설명하면서 '문학은 삶을 기반으로 그 위에 세운 건물'이라고 하였다.

쁘라무디아의 소설들은 모두 당대의 사회상을 잘 반영하고 있다. 즉, 작중 인물이 겪는 고통은 다름 아닌 시대 상황의 부산물로 처리되고 있다. 앞의 2장에서 잠시 언급했듯 그는 문학 작품과 현실 반영 관계에 대하여는 현실이라는 '상위 진실(kebanaran hulu)'이 작가의 상상력과 창작과정을 통하여 작품이라는 '하위 진실(kebenaran hilir)'로 변화하며, 문학 텍스트를 읽는다는 것은 바로 이러한 작가의 상상력과 하위 진실을 읽는 것이라고 하였다. 이러한 견해는 독자의 문학사회학과 관련이 있는 것으로써 독서 행위를 현실의 반영에 대한 일종의 감시로 보는 것이다. 강물이 상류에서 시작하여 하류로 향하는 것과 같이 현실이라는 상위 진실이 없이는 작품이라는 하위 진실도 있을 수 없다. 그러니까 쁘라무디아의 견해로는 문학 연구가가 문학 텍스트를 분석하는 작업은 결국 사회 현상에 대한 작가의 반응을 검토하는 것이며 문학 텍스트가 문학 이외의 다른 분과 학문의 학자들에게도 유용한 자료로 쓰일 수 있다는 것을 암시한다. 이와 같은 맥락에서 쁘라무디아의 문학을 몇 개의 키워드로 정리해 본다면 그것은 '역사', '저항', 그리고 '인간애'가 될 것이다.

1 / 역사에 대한 솔질

앞에서 이야기한 바와 같이 쁘라무디아는 인도네시아 역사에 관심을 가지고 있는 작가이다. 다시 말하면 인도네시아 역사에 대한 나름대로의 재해석을 시도한 소설가이다. 쁘라무디아는 대학에서 역사를 가르친 적이 있으며 이때 수많은 사료를 모았으며 20세기 초 인도네시아의 민족주의 운동에 특별한 관심을 가졌다. 쁘라무디아는 인도네시아 역사에서 민족의식의 시발을 1908년에 시작된 부디 우또모 운동으로 보는 기존의 시각에 반기를 들었다. 그는 부디 우또모 운동보다 2년 먼저 시작된 이슬람동맹(Sarekat Islam) 운동이 인도네시아 민족주의 운동의 시작이라고 해석하였다. 쁘라무디아는 이를 증명이라도 하듯이 이슬람동맹 운동을 이끌었으며 인도네시아 언론의 아버지로 추앙받는 띠르또를 모델로 한 인간의 대지 4부작을 발표하였다.

쁘라무디아는 인도네시아 역사에 솔질을 하고 싶어 했던 작가이다. 대부분 유럽 사회가 문맹이었을 때 위대한 시문을 짓고, 보로부두르라는 세계 최대의 불교 유적지를 건설한 인도네시아 민족이 후진국의 대열에서 벗어나지 못하는 상황이 그를 안타깝게 만들었을 것이다. 쁘라무디아는 350년이 넘는 유럽의 식민 통치 상황의 원인을 진단하면서 우선적으로는 식민 통치 세력의 탐욕에 있지만 자신들의 무력감에도 기인함을 시인하였다. 봉건적인 자바 관료 사회의 비효율적인 측면은 인간의 대지 4부작에도 잘 나타나 있다.

오래전부터 이 소설을 구상하던 쁘라무디아는 1965년 '9·30사태'로 인하여 갑자기 영어의 몸이 되었고 결국은 부루섬에 유폐되었다. 1973년 수미뜨로 장군이 쁘라무디아를 접견하고 집필 허가를 하기 전까지 쁘라무디아는 글을 한 줄도 쓸 수 없었다. 쁘라무디아는 자신이 구상한 거대한 역사적인 이야기를 잊지 않기 위하여 부루섬에 같이 유폐된 동료 정치범들을 모아놓고 이 이야기를 계속 들려주었다. 쁘라무디아가 1979년 12월에 석방되었으니까 결국은 6년에 걸쳐 이 역사소설을 완성한 셈이다. 역사에 대한 그의 집념을 엿볼 수 있는 대목이다.

쁘라무디아가 역사를 재해석하고, 역사와 연관된 소설을 쓰는 것은 단순히 역사적인 사건이나 인물에 대한 이야기를 되풀이하려는 것이 아니다. 그는 역사적인 사건을 통하여 새로운 교훈을 얻고자 했다. 역사적인 인물이나 사건을 모델로 발표한 쁘라무디아의 역사소설을 탐구해보면 그의 시선이 해당 소설의 주인공을 향하는 것이 아니고 이미 다른 지향점에 가있는 것을 알

『역류』 표지

『아록데데스』 표지

수 있다. 『역류』의 주인공 위랑갈렝을 예로 들어 보자.

뻐라무디아 선생의 소설 『역류(Arus Balik)』(1995)는 인도네시아 군도를 통합했던 힌두 왕조 마자빠힛을 지나 자바 최초의 이슬람 왕국 드막이 세워지는 시대를 배경으로 하는 역사소설이다. 아위스 끄람빌(AwisKrambil) 출신의 주인공 위랑갈렝(Wiranggaleng)은 빠띠 우누스가 말라카의 포르투갈군을 공격할 때 함께 참여하기도 한다. 뻐라무디아가 '역류'라는 용어로 이 소설의 제목을 삼은 것은 시사하는 바가 크다. '역류'는 물의 흐름이 바뀌는 것을 의미한다.

『역류』는 16세기 마자빠힛 힌두 왕국이 몰락한 후 뚜반(Tuban)의 즈빠라(Jepara) 지역을 자바 최초의 이슬람 왕국인 드막(Demak) 왕국이 점령하는 사건을 배경으로 한 소설이다. 드막 왕국의 빠띠 우누스 술탄은 자신들의 함대를 이끌고 당시 말라카에 주둔한 포르투갈군을 공격할 계획을 세운다. 이를 위해 항구가 필요했던 드막은 인접한 즈빠라를 공격하였다. 하지만 뚜반의 영주는 자신들의 지역을 침공한 드막에 대응하지 않았다. 뚜반 영주의 생각은 전쟁을 피하고 경제적인 실리를 취하는 것이 중요하다고 생각했기 때문이다. 드막은 뚜반 측에게 포르투갈군을 공격하는데 필요한 지원군을 요청했고 이때 뚜반의 지원군 지휘관이 위랑갈렝이다.

시골 마을 씨름 선수 출신의 위랑갈렝은 자신에게 부여된 임무를 성공리에 마친 뒤 낙향하려고 하자 주위 사람들은 그를 자신들의 지도자가 되어 줄 것을 요구했다. 하지만 위랑갈렝은 그들의 요구를 뿌리치고 고향으로 돌아간다. 이와 같은 대목은 '9·30사태'를 수습하고 군대로 돌아가지 않고 인도네시아의 지도자가 된 수하르토 장군의 태도와 대비된다. 뻐라무디아는 인도네시아 역사 역사를 뒤돌아볼 때 인도네시아를 통합한 지도자는 가자마다와 수카르노 두 명뿐이라고 했다. 이 두 명을 제외하고는 인도네시아 역사에서 그리 인정할 만한 지도자가 없었다고 본 것이다. 그는 마자빠힛 왕국의 전

성기를 일군 가자마다 재상과 인도네시아 독립을 이끌고 초대 대통령을 역임한 수카르노의 지도력만을 인정했다.

『아록 데데스(Arok Dedes)』에서도 역사적인 사건에 대한 작가의 재해석과 비유를 엿볼 수 있다. 이 소설은 아록이 싱아사리 왕국을 세우는 과정을 그린 것이다. 『아록 데데스』에서 쁘라무디아는 아록이 왕에 되는 과정을 통하여 자바의 전형적인 쿠데타 방식을 이야기하고 있다. 아록은 꺼보 이조에게 명검을 주고 그가 술에 취한 사이에 명검으로 자신이 뚱굴 아머뚱(Tunggul Ametung)을 살해하지만 겉으로는 꺼보 이조가 살해한 것으로 위장했다. 즉, 겉으로는 자신의 손에 피를 묻히지 않고 정적을 살해한 것이다. 이 역사적인 사건 역시 수하르토의 9·30사태 진압과 비교할 수 있다.

인도네시아 공산당(PKI)이 사주한 1965년 9월 30일의 쿠데타를 진압한 수하르토 장군은 어찌 보면 『아록 데데스』의 아록과 비슷한 점이 있다. 인도네시아 공산당은 아시아 국가 중에서 처음 창당된 공산당이다. 인도네시아 공산당은 중국 공산당보다 1년 먼저인 1920년에 창당되었다. 수카르노의 나사콤(nasakom) 체제[1]에 힘입어 성장한 인도네시아 공산당은 1965년 9월 30일 대통령 경호실장 운뚱(Untung) 중령을 앞세워 쿠데타를 일으켰다. 이른바 9·30 사태이다. 당시 수하르토 장군이 이를 진압하면서 많은 사람들이 희생됐다는 것이다. 문제는 이 과정에서 쿠데타와 연관이 없는 사람들이 희생었다고 보는 시각이다. 요수아(Joshua Oppenhermer) 감독이 신변에 위협을 느껴가며 제작한 기록 영화 〈액트 오브 킬링(The Act of Killing)〉(2012)[2]과 〈침묵의 시선(The

---

1 수카르노 대통령이 민족주의 진영(Nasionalisme),이슬람 진영(Agama), 공산 진영(Komunisme)를 동등하게 비호한 체제를 말한다.

2 이 영화는 2013년 베를린국제영화제 2관왕, 아카데미시상식 다큐멘터리상 등 전 세계 70개 이상의 영화상을 휩쓸었다.

영화 〈액트 오브 킬링〉과 〈침묵의 시선〉 포스터

Look of Silence)〉(2014)은 당시 얼마나 잔인하게 사람들이 죽어 갔는지 증언하고 있다.

1965년 9월 30일의 공산 쿠데타와 관련한 희생을 목격한 사람들과의 인터뷰를 위주로 제작한 이 기록 영화에서 시사하는 바는 이 9·30사태의 진압에 대한 서로 다른 견해 차이인 것이다. 요수아 감독은 가해자 편에 있는 사람과 피해자 편에 있는 사람들을 함께 인터뷰했다. 가해자 편에 있는 사람들은 공산당으로부터 국가를 구하기 위한 당연한 조치이고 애국적인 시각으로 보아야 한다는 것이다. 희생자 편에 있는 사람들은 이 사태를 진압하는 과정에서 무고한 사람들이 너무 많이 살해됐다는 것이다.

그런데 뜻밖에도 2015년 제주4·3평화재단에서 수여한 제1회 '제주4·3평화상' 특별 수상자로 인도네시아 9·30사태 관련 활동가인 이맘 아지즈(Imam Aziz)가 지명되었다. 우선 제주4·3평화재단에서 이 분을 수상자로 결정한 이유는 이맘 아지즈가 9·30사태와 관련한 학살과 관련하여 진실 규명과 화해 활동에 기여한 바가 크다는 것이다. 이맘 아지즈 자신은 9·30사태와는 무관하지만 진상 규명을 위해 노력하였다. 이맘 아지즈는 가해자 측을 설득해 피해자 측과 화해에 나서게 하였으며 9·30사태로 인해 철저히 유린된 인간 존엄성의 회복과 화해·상생의 공동체 복구를 위해 헌신했다. 이러한 사실이 평화와 인권 존중의 제주4·3평화상의 취지에 온전히 부합한 것이다.

당시 이맘 아지즈는 인도네시아 최대의 이슬람 단체인 나흐들라뚤 울라마(Nahdlatul Ulama)의 문화 분과 위원장이었다. 이맘 아지즈와의 인터뷰 결과 그 핵심 내용은 당시 나흐들라뚤 울라마가 주축이 되어 공산당과 연관된 사람들을 학살한 것으로 알려져 있는데 사실은 그렇지 않다고 했다. 오히려 군부 측에서 자신들을 사주했다는 것이다. 2016년 4월 19일 자카르타에서 개최된 한 세미나에서[3] 이맘 아지즈는 당시 군부에서 나흐들라뚤 울라마를 협박 회유하여 공산당과 연관된 사람들의 살해를 교사하였다고 주장했다. 수하르토 군부에서는 이 단체를 사주하여 많은 사람들을 죽인 것으로 드러났다. 이 과정에서 많은 무고한 사람들이 희생된 것이다.[4] 자신의 손에 피를 묻히지 않고 자신의 목표를 달성했다는 점은 아록과 수하르토가 공유하는 부분이다. 쁘라무디아는 역사의 부정적인 측면을 드러내어 지금의 상황을 진단하고 그것을 개선하려고 했던 작가이다.

---

3 Simposium Nasional Membedah Tragedi 1965.

4 이러한 사실에 자신을 얻은 이맘 아지즈는 우선 피해자들에게 다가가 자신들의 잘못을 인정하고 용서를 빌었으며 이 학살에 대한 진상 규명을 시작하였다. 그는 2000년부터 인권 단체 '샤리깟(Syarikat)'을 창설해 운영하고 있으며 학살이 집중적으로 발생한 자바와 발리를 중심으로 '9·30'사태의 진상규명을 위해 노력하였다. 그리고 풀뿌리 커뮤니티 차원의 화해 사업을 수행하고, 학살 희생자들에 대한 국가 정책의 변화 등을 추진하고 있다. 이맘 아지즈는 인터뷰 말미에 한국의 상황을 부러워했다. 그는 제주 4·3에 대하여 한국 정부 차원의 사과가 있었고 관련 평화재단이 설립된 것은 인도네시아에서는 아직 생각하기조차 힘든 일이라고 했다. 그는 우선 인도네시아 정부 차원의 관심과 유감 표명을 유도하는 것이 일차적인 목표라고 했다. 인도네시아 현대사에서 중요한 사건으로 기록되는 이 '9·30'사태에 대한 정리가 인도네시아에 화해와 평화를 가져오는 초석이 될지도 모른다. (고영훈. 2016.『자바우체부길』에서 재인용)

2 / 저항 의식

뻐라무디아의 삶은 부당하다고 생각되는 것에 대한 저항으로 점철되었다. 그는 "인간은 저항함으로써 존재한다."라고 한 까뮈(A. Camus)의 인간 존재의 이유를 가장 잘 실천한 작가이다. 이러한 맥락에서 식민 통치 정부는 뻐라무디아가 저항해야 할 가장 중요한 대상이었다. 식민 통치는 그 어디에서도 정당성을 찾을 수 없는 부당한 상황이기 때문이다. 민족주의의 가장 중요한 전제가 식민 통치 상황을 탈피하는 것임을 생각해 볼 때 뻐라무디아의 저항은 당연한 것이었다.

뻐라무디아는 저항해야 할 상황에서 저항을 하지 않는 것은 존재의 가치가 없다고 보았다. 인도네시아의 사민 운동(Gerakan Samin)[5]은 저항의 상징이다. 뻐라무디아는 그가 성장한 블로라와 름방(Rembang) 지역에서 유래한 사민 운동을 지지하고 인정한다고 했다. 사민 운동의 영향을 받았다는 말이 된다. 이 운동은 사민 수론띠꼬(Samin Surontiko)가 자신들의 전통적인 삶의 방식을 정리했기 때문에 사민 운동으로 불린다. 사민 사람들의 대표적인 특징 중의 하나는 당시 네덜란드 식민 통치 정부에 세금을 내지 않았다는 점이다. 자립적으로 공동생활을 하는 그들은 식민 통치 정부에 세금을 낼 이유가 없다고 생각했다. 이로 인하여 네덜란드 정부의 혹독

사민 수론띠꼬(Samin Surontiko)

5 중부 자바이 름방 지역에서 유래한 운동으로 자신들의 고유하고 전통적인 삶의 방식을 따르는 집단을 말한다. 이에 대하여는 Koh Young Hun., *Op. Cit.* pp.121-132를 참조.

한 탄압을 받아야 했지만 그들은 이에 굽히지 않았다. 결과적으로 사민 사람들이 식민 통치 정부에 저항하는 모양새가 되었는데 앤더슨(Benedict Anderson)은 이를 인도네시아 민족주의의 시발점(proto-nationalism)이라고 했다. 름방 지역과 인접한 블로라에서 출생하고 자란 쁘라무디아는 사민 사람들의 이러한 삶의 방식을 접할 수 있었고 자연스럽게 영향 받았다.

쁘라무디아가 그의 소설에서 그려내는 인물들은 다분히 저항적인 이미지를 가지고 있다. 『투사가족』의 사아만 형제들이 그렇고 『도망자』의 하르도도 마찬가지이다. 인간의 대지 4부작 밍꺼의 식민 통치 정부에 대한 저항은 인상적이다. 쁘라무디아의 단편이나 『금니를 한 어여쁜 미다』 등의 소설에 등장하는 여성들의 이미지도 다분히 저항적이다. 순종적이고 희생적인 자바의 전통적인 여성상과는 거리가 있다. 그들은 부조리하고 자신들을 옥죄는 상황을 수용하지 않고 그곳으로부터의 탈출을 시도했다. 냐이 온또소로, 수라띠, 미다, 이늠 등 쁘라무디아의 작품에 등장하는 수많은 여성들이 그러하다.

쁘라무디아의 삶 자체도 저항으로 가득찬 것이었다. 쁘라무디아는 81년의 생애 중 17년 반을 영어의 몸으로 지냈다. 만약 그가 부조리한 상황에 저항하지 않았다면 그의 삶 자체는 안락했을지도 모른다. 그러나 쁘라무디아는 자신이 정해둔 기준에 비추어 부조리하고 불의한 것이라고 판단되면 망설이지 않고 저항하였다. 그는 1947년에 네덜란드 식민 통치 정부의 부당함을 지적하는 전단을 살포하다가 네덜란드군에게 체포되어 2년 반 동안의 옥고를 치루었다. 그리고 1960년에는 수하르토 정부의 중국계에 대한 비인도주의적인 정책을 비난한 『인도네시아의 화교』를 출간했다는 이유로 투옥되어 10개월간 감옥 생활을 했다. 불의와 타협을 거부하는 그의 삶이 그가 생산해 내는 작품에도 그대로 투영되어 있다.

3 / 인간애

앞에서 이야기한 바와 같이 인도네시아의 저명한 비평가 야신은 쁘라무디아가 특정한 이즘에 빠진 적이 없고 그가 중요시하는 것은 인간애라고 했다. 쁘라무디아의 문학 세계를 설명하는 중요한 키워드 '역사'나 '저항'도 사실은 인간애와 관련이 있다. 예를 들어 인간의 대지 4부작에서 쁘라무디아가 드러내려고 했던 식민 통치에 대한 저항 의식, 자바의 부정적인 문화에 대한 반응, 민족의식, 그리고 여성에 대한 배려 등은 인간애와 직접 연결돼 있다. 그러니까 이러한 키워드는 인간애를 구현하고자 하는 하나의 통로인 셈이다. 식민 통치에 대한 저항은 결국 비인간적인 상황에 놓인 피식민 국민들에게 인간다운 삶을 제공하는 최소한의 조건이다. 단적으로 말하면 쁘라무디아의 문학 사상을 엮는 하나의 씨줄은 인간애이다.

쁘라무디아의 인간애는 그의 대부분 작품에서 다양한 작중 인물들에 의하여 표출된다. 네덜란드 식민 통치에 대한 지하 독립 운동을 하던 『투사가족』의 사아만이 적에게 조력하던 의붓 아버지를 살해한 후 죽임을 앞에 두고 인간적인 회환의 모습을 보이는 것이랄지 『도망자』의 주인공 하르도가 자신들을 배반한 까르민을 처단하지 않고 이해하려 드는 장면은 그 무엇보다도 인간이 중요하다는 점을 보여준다. 인간의 대지 4부작에서 밍꺼를 살해하려는 사람들을 먼저 저격한 밍꺼의 부인 까시루따에 대하여 밍꺼가 갖는 안타까운 심정은 밍꺼의, 나아가 쁘라무디아의 인간애를 드러낸다.

쁘라무디아는 1989년에 「악마와의 만남과 이별(Pertemuan dan Perpisahan dengan Iblis)」이라는 단편을 탈고하였다. 여기에서 악마는 그가 유배 생활을 하던 부루섬 주민들의 눈에 비친 그를 포함한 다른 유배자들의 인상이 그럴 것

Pramoedya Ananta Toer:

Pertemuan & Perpisahan
dengan
I B L I S

Sedikit lebih dari 300 tahun lalu hutan pala mereka dibakari serdadu-serdadu Kompeni Belanda. Benih-benih tetumbuhan di atasnya lebur jadi debu. Benih baru yang beterbangan terbawa angin mendarat di atas tanah-tanah gundul kelabu hitam itu. Sabana pun terbentuk. Sementara itu perdagangan pala dengan Inggris, Portugal, Spanyol, tumpas untuk selama-lamanya. Dan penduduk, pengumpul hasilhutan itu, terpaksa meninggalkan daerah pantai, terserap pelukan hutan yang menyusui......

Generasi demi generasi telah lalu. Pengalaman itu sudah terlupakan. Yang masih tersimpan: pengalaman barang 150 tahun kemudian, dan tahun-tahun yang mengikuti. Armada kole-kole berbagai suku pantai Papua memintasi Laut Seram atau laut Banda langsung mendarati pantai mereka. Mendarati Seram mereka tak berani, angkatan laut Tidore atau Ternate yang bersenjata-api itu bukan tandingan mereka.

Di Buru penyerbu-penyerbu Papua tak terlawankan. Mereka bersenjatakan panah, penduduk Buru bersenjatakan tombak. Jadi mereka makin terhalau ke pedalaman. Mereka makin terputus dengan dunia luar, makin terkebelakang. Para pedagang Arab menamai mereka Alfuru. Belanda, di kemudianhari, menamai mereka Alfoers, dengan makna sudah bergeser: penduduk pedalaman. Tanpa perdagangan pala mereka tinggal jadi pengumpul hasilhutan, pemburu, setengah nomad, dan bila bertani alat kerjanya cuma parang pencungkil tanah. Dengan makin kukuhnya kekuasaan Belanda di P.Buru suku-suku pulau-pulau tetangga berdatangan dan menduduki daerah pantai. Mereka jadi bulan-bulanan malaria, filariasis, kaskado, parasit, tbc, perang antar-puak, antar-kampung. Jumlah mereka makin lama makin susut. Pada tahun 70-an abad ini tinggal beberapa puluh ribu. Dunia luar memeras mereka. Dunia mereka sendiri penuh penyakit dan perang yang tak henti-hentinya. Lebih tiga setengah abad telah berlalu. Mungkin dahulu jumlah mereka lebih sepuluh kali lipat.

Dan kemudian datang waktu bersejarah itu: Agustus 1969.

***

Panas sabana itu telah melewati 36 derjad selsius. Hutan kayuputih sudah tiga kali terbakar. Asapnya menutup langit di atasnya, membuat puncak-puncak pegunungan lenyap ditelannya. Para penyuling minyak kayuputih dari pulau-pulau tetangga yang membakarnya. Mereka memerlukan daun kayuputih muda

「악마와의 만남과 이별」 원고

이라고 추측하여 설정한 것이다. 쁘라무디아는 적어도 이 시대를 살고 있는 인도네시아인에게는 악마는 아닐지라도 이방인임에 틀림없다. 오랜 기간을 세상과 격리되어 있었고 인도네시아에서는 그의 모든 작품이 판금 상태에 놓여 있어 그의 실체에 대하여 알 수 있는 기회가 차단된 상태이기 때문이다. 인도네시아의 젊은이들 중에서 쁘라무디아를 알거나 그의 작품을 읽어 본 사람이 많지 않고 인도네시아의 테크노크라트들은 쁘라무디아가 왜 자신이 속한 문화 집단을 부정적으로 드러내는지에 대하여 이해하려 하지 않고 있다.

쁘라무디아는 그리 낯설지 않은 이방인이다. 왜냐하면 그가 다루고 있는 문제가 누구나 공감할 수 있는 인간의 문제이고 그의 작품에서 인간애가 배어나오기 때문이다. 쁘라무디아의 소설 중에는 민족의식의 쇠퇴에 대한 실망감과 이를 재건해 보려는 꿈을 그리고 있는 것이 많다. 즉, 그는 실망의 세계와 꿈의 세계를 왕복하는 이방인이다. 쁘라무디아에게 있어서 실망감은 현실이고 꿈은 민족에게 희망과 용기를 줄 수 있는 형상화의 세계이며 그가 고뇌하는 것은 결국 이 둘 사이의 간극이 너무 크다고 여기기 때문이다. 다시 말하여 쁘라무디아의 소설은 인간이나 사회의 부정적인 면을 드러내지만 그것은 자신의 꿈을 표출하기 위한 수단이다.

식민 통치는 그 상황 자체가 부당함이고 여성에 대한 배려, 자바의 부정적인 문화에 대한 저항도 역시 부당한 상황을 탈피하고자 하는 쁘라무디아의 열망에서 유래한다. 쁘라무디아의 관심은 결국 인간이다. 특정한 제도나 상황을 만드는 것도 인간이고 그러한 제도나 상황의 희생자도 결국 인간이다. 부당하게 어려운 상황에 놓인 인간에 대한 배려가 쁘라무디아가 추구하고자 하는 목적지였다. 쁘라무디아는 이러한 부당한 상황을 용인하지 않았다. 그는 다양한 방식으로 이에 저항하였다. 결국 쁘라무디아의 사상을 잇는 끈은 인간에 대한 배려이다. 그는 인간의 소중함이 침해되지 않는 세상, 그리고 인간이 제 역할을 하는 세상을 꿈꾸었다. 쁘라무디아는 더 좋은 세상이 되기 위하여 문학이 해야 할 역할이 있다고 믿었으며 그의 주옥같은 작품을 통하여 그 꿈을 실현해 가려고 한 작가이다.

참고문헌

Anderson, Benedict R. O'G. 1990. *Language and Power: Exploring Political Culture in Indonesia.* Ithaca: Cornell University Press.

Anderson, Benedict R. O'G. 1986. *Imagined Communities: Reflections on the Origin and Spread of Nationalism.* London: Verso.

Anderson, Benedict R. O'G. 1984. "Language, Fantasy & Pemoeda" Annual Conference of Association of Asian Studies. Boston.

Anderson, Benedict R. O'G. 1982. "Second Thoughts on Dendam" mimeograph.

Anderson. 1978. "Reading Modern Indonesian Literature: The Case of Pramoedya's Revenge". Conference on Southeast Asian Aesthetics. Ithaca: August.

Anderson, Benedict R. O'G. 1975. "Millenarianism and the Saminist Movement," Benedict R. O'G, Anderson et al. *Religion and Social Ethos in Indonesia.* Clayton: Monash University. pp. 48-61.

Anderson, Benedict R. O'G. 1972. *Java in a Time of Revolution.* Ithaca: Cornell University Press.

Anderson, Benedict R. O'G. 1968. *Mythology and the Tolerance of the Javanese.* Ithaca: Cornell Modern Indonesia Project.

Anderson, Benedict R. O'G. 1961. *Some Aspects of Indonesian Politics under the Japanese Occupation: 1944-45.* Ithaca: Cornell University.

Ariel Heryanto. "Jejak Langkah Sang Pemula" Pramoedya (ed.) Dokumentasi Pramoedya Ananta Toer dan Karyanya: 1986-1987.

Ben Sohib. 2014. "Bgaimana Nasrul Marhaban Mati dan Dikenang", Koran Tempo. 15 June.

Camus, Albert. 1969. *The Rebel.* Terjemahan Anthony Bower. Middlesex: Penguin Books.

Carmel Budiardjo. 1981. "Beberapa Catatan mengenai Peranan Wanita dalam Buku-bukunya Pramoedya Ananta Toer" *Kancah*, September.

Eka Kurniawan. 2006. *Pramoedya Ananta Toer dan Sastra Realisme Sosialis.* Yogyakarta: PN Jendela.

Foulcher, Keith. 1986. *Social Commitment in Literature and the Arts: The Indonesian Institute of Peoples Culture 1950-1965*. Victoria: Monash University.

Geertz, Clifford. 1989. *Abangan, Santri, Priyayi dalam Masyarakat Jawa*. Jakarta: Pustaka Jaya.

Hashim Awang. 1977. *Satu Analisa Novel Keluarga Gerilya*. Kuala Lumpur: Utusan Publications & Distributors.

H.B. Jassin, 1885. *Kesusastraan Indonesia Modern dalam Kritik dan Esai II*. Jakarta: Gramedia.

Hofstede, Geert. 1995. *Cultural and Organizations: Software of the Mind*. New York: McGraw Hill.

Jakob Sumardjo. 1981. "Anak Semua Bangsa, Buku Kedua Pramoedya" *Pikiran Rakyat* 11 Feb.

Jakob Sumardjo. 1982. *Masyarakat dan Sastra Indonesia*. Yogyakarta: Nur Cahaya.

Joebaar Ajoeb. 1990. Sebuah Mocopat Kebudayaan Indonesia. Mimeograph.

Kautsky, Karl. 1910. *The Class Struggle*, Chicago: Charles H. Kerr & Co.

Kautsky, Karl. 1964. *The Dictatorship of the Proletariat*, Ann Arbor: The University of Michigan Press.

Koentjaraningrat. 1994. *Kebudayaan Mentalitas dan Pembengunan*. Jakarta: Gramedia.

Koh Young Hun. 2011. *Pramoedya Menggugat: Melacak Jejak Indonesia*. Jakarta: Gramedia.

Lukacs, Georg. 1962. *The Historical Novel*. Terjemahan Hannah dan Stanley Mitchell. London: Merlin Press.

Martina Heinschke. 1996. "Between Gelanggang and Lekra: Pramoedya's Developing Literary Concepts" *Indonesia* No.61.

Mulder, Niels. 1984. *Kebatinan dan Hidup Sehari-hari Orang Jawa: Kelangsungan dan Perubahan Kulturil*. Jakarta: Gramedia.

Niel, Robert van. 1984. *Munculnya Elit Moden Indonesia*. Zahara Deliar Noer(trans). Jakarta: Pustaka Jaya.

Pamusuk Eneste(ed.). 2020. *Proses Kreatif 1: Mengapa dan Bagaimana Saya Mengarang*. Jakarta: GPU.

Parnickel, Boris. 1981. "Roman yang Ditulis di Pulau Buru," *Inostrannaia Literatura*, No. 8, Moscow. Koesalah Soebagyo Toer(trans).

Pramoedya Ananta Toer. 1999. *Arok Dedes*. Jakarta: Hasta Mitra.

Pramoedya Ananta Toer. 1995. *Arus Balik*. Jakarta: Hasta Mitra.

Pramoedya Ananta Toer. 1988. *Rumah Kaca*. Jakarta: Hasta Mitra.

Pramoedya Ananta Toer. 1985. *Jejak Langkah*. Jakarta: Hasta Mitra.

Pramoedya Ananta Toer. 1983 "Perburuan 1950 dan Keluarga Gerilya 1950" *Indonesia* No.46. Ithaca: Cornell University Press.

Pramoedya Ananta Toer. 1980. *Bumi Manusia*. Jakarta: Hasta Mitra.

Pramoedya Ananta Toer. 1980. *Anak Semua Bangsa*. Jakarta: Hasta Mitra.

Pramoedya Ananta Toer. 1960. *Hoa Kiau di Indonesia*. Jakarta: Bintang Press.

Pramoedya Ananta Toer. 1957. "Djembatan Gantung dan Konsepsi Presiden" *Harian Rakyat* Feb. 28.

Pramoedya Ananta Toer. 1950. *Perburuan*. Jakarta: Hasta Mitra.

Pramoedya Ananta Toer. 1950. *Keluarga Gerilya*. Jakarta: Hasta Mitra.

Sinta Yudisia. 2012. Sedekah Minus, *Ruangsastra*. 29 July.

Soetrisno. 1977. *Falsafah Hidup Pancasila Sebagaimana Tercermin Dalam Falsafah Orang Jawa*. Yogyakarta: Pandawa.

Suseno, Franz Magnis. 1988. *Etika Jawa*. Jakarta: Gramedia.

Sutherland, Heather. 1979. *The Making of a Bureaucratic Elite: the Colonial Transformation of the Javanese Priyayi*. Singapore: Heinamann.

Sutherland, Heather. 1973. "Notes on Java's Regen Families," *Indonesia*, No. 16, October. Ithaca: Cornell Univeristy, hlm. 113-147.

Teeuw, A. 1997. *Citra Manusia Indonesia dalam Karya Sastra* Pramoedya Ananta Toer. Jakarta: Pustaka Jaya.

Teeuw, A. 1992. *Membaca dan Menilai Sastera*. Kuala Lumpur: Dewan Bahasa dan Pustaka.

Teeuw, A. 1989. *Sastra Indonesia Modern II*. Jakarta: Pustaka Jaya.

Teeuw, A. 1980. *Sastra Baru Indonesia*. Ende: Nusa Indah.

Umar Junus. 1981. "Terperangkap dalam Pertentangan Kelas", *Persepsi* III No. 1.

Umar Kayam. 1989, "Transformasi Budaya Kita," Mimeograph. Yogyakarta: UGM.

Watson, C. W. 1983. "Pramoedya Ananta Toer's Short Stories: An Anti-Post Structuralist Account" Fourth European Colloquim on Malay and Indonesian Studies, Leiden: 30 May - 2 June.

Wertheim, W. F. "Pramoedya as Historian" dalam *Pramoedya Ananta Toer 70 Tahun: Essays to Honour Pramoedya Ananta Toer's 70th Year.*

주경철. 2009. 『대항해 시대: 해상 팽창과 근대 세계의 형성』. 서울대학교 출판부.

쁘라무디아 작품 목록

소설/단편

1942 *Kemudian Runtuhlah Majapahit*

1946 *Sepuluh Kepala Nica*

1947 *Kranji-Bekasi Jatuh*, The Free Voice of Indonesia

1950 *Perburuan*

Keluarga Gerilya

Subuh("Blora"; "Jalan Kurantil 28"; "Dendam" Percikan Revolusi; "Gado-gado"; "Kemana?"; "Kemelut"; "Masa";"Orang Baru"; "Kawanku Se-sel"; "Kenang-kenangan pada Kawan";"Mencari Anak Hilang"; "Lemari Antik.")

1951 *Mereka yang Dilumpuhkan I, II*

Bukan Pasar Malam

Di Tepi Kali Bekasi

"Dia yang Menyerah"

1952 *Cerita Dari Blora*("Yang Sudah Hilang"; "Yang Menyewakan Diri";"Inem"; "Surat"; "Kemudian Lahirlah Dia"; "Pelarian Yang Tak Dicari"; "Hidup Yang Tak Diharapkan"; "Hadiah Kawin"; "Anak Haram"; "Dia Yang Menyerah"; "Yang Hitam". "Sepku" in Pelopor, Vol. 2, No. 5. 27 Jan.

1953 *Gulat di Jakarta*

"Kapal Gersang," Zenith, Vol. 3, No. 9. September.

"Keguguran Calon Dramawan," Zenith, Vol. 3, No. 11 Nov.

1954 "Perjalanan" in Mimbar Indonesia, Vol. 8 No. 13, 27 March.

Korupsi

Cerita Calon Arang

1955 *Midah Si Manis Bergigi Emas*

1956 "Kecapi," Kisah, Vol. 4 No. 2, Feb..
"Mbah Ronggo dan Setan-setannya," Star Weekly 12 May.
"Sunyi Senyap di Siang Hidup," Indonesia, Vol. 7. No. 6 June.
"Jalan yang Amat Panjang," Kisah Vol. 4 No. 7/8, July/Aug.
"Kesempatan yang Kesekian," Zaman Baru No. 5 Aug.

1957 *Cerita Dari Jakarta*: "Jongos dan Babu"; "Ikan-ikan yang Terdampar"; "Berita dari Kebayoran"; "Rumah"; "Keguguran Calon Dramawan"; "Nyonya Dokter Hewan Suharko"; "Tanpa Kemudian"; "Makhluk di Belakang Rumah"; "Maman dan Dunianya"; "Kecapi"; "Biang Keladi"; "Gambir".

1959 *Sekali Peristiwa di Banten Selatan*

1962 "Gadis Pantai" in Bintang Timur, 21 July-24 Oct.

1964 "Madun," Bintang Timur, 22 March.

1965 "Kesempatan yang Kesekian," Bintang Timur, 11 April.

1980 *Bumi Manusia*
Anak Semua Bangsa

1985 *Jejak Langkah*

1987 *Gadis Pantai*

1988 *Rumah Kaca*

1995 *Arus Balik*

1999 *Arok Dedes*

2000 *Larasati*

희곡

1959 *Orang-orang Baru dari Banten*

2000 *Mangir*

논픽션

1982 *Tempo Doeloe*

1985 *Sang Pemula*

1989 *Nyanyian Tunggal Seorang Bisu*

1952 "Sumber Cipta dalam Kesenian," Indonesia, Vol. 3, No. 4, April.

"Kesusasteraaan Perjuangan," Pewarta Jakarta, Vol. 2 No. 29, 20 April.

"Kesusasteraan sebagai Alat," Indonesia, Vol. 3 No. 7, July.

"Definisi dan Keindahan dalam Kesusasteraan," Indonesia, Vol. 3, No. 8 Aug.

"Masalah Tuhan dalam Kesusasteraan," Duta Mimeograph, Yayasan Dokumentasi Sastera H.B. Jassin.

1953 "Angkatan dan Dunianya," Duta Suasana, Vol. 2 No. 7, 10 Jan.

"Offensif Kesusasteraan 1953," Gelanggang Siasat, 23 March.

"Perbedaan-perbedaan Mencolok yang Harus Dikenal tentang Cabul Tidaknya Sebuah Hasil Kesusasteraan," Indonesia, Vol. 4 No. 5, May.

"Famili Tandus yang Buta," Mimbar Indonesia, Vol. 7 No. 42, 11 July.

"Mencari Sebab-sebab Kemunduran Kesusasteraan Indonesia Modern Dewasa Ini," Gelanggang Siasat, 19 July.

"Ada Humanisme di Oranje NussauIan-5 dan Komunisme telah mati bersama Lenin," dalam Budaya, Vol. 2 No. 8, 8 Aug.

"Prof. Dr. Wertheim tentang Kesusasteraan Indonesia Modern, Kegagalan Kesusasteraan Indonesia, Kegagalan Revolusi," Pemandangan, 26 Oct. also in Gelanggang, Siasat, 15 November.

1954 "Daya Khayal, Ketekunan, Keperwiraan dan Ilmu," Duta Suasana, Vol. 3 No. 7, 10 Jan.

"Hidup dan Kerja Sasterawan Indonesia Moden," in simposium Fakultas Sastra, Universitas Indonesia, 5 Dec. also in SENI, Vol. 1 No. 2 Jan.

1955 "Hidup dan Kerja Sasterawan Indonesia Modern," Seni, Vol. 1 No. 1 Jan.

"Bimbingan Rasa Sastra di Gelanggang Kebangunan bangsa," Buku Kita, Vol. 1, No. 4, April.

1956 "Kesusasteraan Kristen di Indonesia," Star Weekly,7 Jan.

"Tendensi Kerakyatan dalam Kesusasteraan Indonesia Terbaharu," Star Weekly, 10 Feb.

"Kesusasteraan Dunia dalam Terjemahan Belanda dan Indonesia," Star Weekly,

10 Feb.
"Tiang Ling: Hidup dan Penulisan Kreatif," Indonesia, Vol. 7 No. 3, March.
"Kesusasteraan Bicara" sebaran BMKN, No. 4. 15 March, mimeograf, Yayasan Dokumentasi Sastra H.B. Jassin.
"Tentang Mata Pelajaran Kesusasteraan di Sekolah," Star Weekly, 19 May.
"Excerpts from Babad Tanah Jawa," dalam 7 bagian, dalam Star Weekly, 2 Jun-1 Dec.
"Meninggalkan Negativisme," Mimbar Indonesia, 9 June.
"Sejenak Meninjau Kesusasteraan Jawa Modern," Star Weekly, 11 Aug.
"Lahirnya Sebuah Cerita Pendek," Kisah Vol. 4 No. 9, September.
"Penilaian Kembali Kesusasteraan Daerah/klasik," Mimbar Indonesia, Vol. 10 No. 40, 6 Oct.
"Ke arah Sastra yang Revolusioner," Star Weekly, 29 Dec.

1957 "Keadaan Sosial Para Pengarang Indonesia," Star Weekly, 12 Jan.
"Balai Pustaka Harum Namanya di Dunia Internasional Dahulu," Star Weekly, 9 Feb.
"Balai Pustaka di Alam Kemerdekaan," Star Weekly, 16 Feb.
"Keadaan Sosial Para Pengarang: Perbandingan antara Negara," Siasat 20 Feb.
"Jambatan Gantung dan Konsepsi Presiden," Harian Rakyat, 28 Feb. also in Bintang Merah, Feb.
"Kesusasteraan Indonesia Modern di Negeri-negeri Timur," Star Weekly, 9 March.
"Kesusasteraan Indonesia Modern di Negeri-negeri Barat," Star Weekly,16 March.
"Pedoman Kehidupan Kesenian Indonesia: Dalam Rangka Pelaksanaan & Pengisian Konsepsi Presiden," Harian Rakyat, 25 March.
"Surat kepada Kuncup Harapan," Berita Minggu, 31 March-12 May.
"Lesu, Kelesuan, Krisis, Impasse," Gelanggang, Siasat, May.
"Kita dan Iklim Hidup Dewasa Ini," Zaman Baru, 30 May.

1958 "Seniman adalah Insinyur Jiwa" laporan ceramah, Harian Rakyat, 21 June.
"Kesatuan Indonesia, Epos dalam Penggalangan Abadi," Zaman Baru, No.19-20, 10-20 July.
"Yang Pesta dan Yang Tewas," Berita Minggu, 31 March - 12 May.
"Sastera Indonesia Masa Lalu dan Masa Depan," Harian Rakyat, 31 Dec.

1959 "Hamka Pencipta Jalan ke Neraka," Bintang Timur, 27 May.

1960 "Ide, Garis & Aparat dalam Hubungan dengan Generasi Muda" in simposium "Generasi Muda" di Balai Budaya Jakarta, 29 April, mimeograf.

Hoa Kiau di Indonesia

1962 *Panggil Aku Kartini Saja 1, II*

"Multatuli," Bintang Timur, 19 Feb.-3 March.

"Dari Abdullah Munsyi sampai Abdul Moeis," Lentera, Bintang Timur, 11 May-7 September.

"Permulaan dari Suatu Awal; Mengenangkan Kembali bangkitnya bangsa Indonesia," Bintang Timur, 15-19 May.

"Tirto Adhisoerjo," Lentera, Bintang Timur, 13 July-7 September.

"Gejala Sebuah Skisma dalam Cerpen Indonesia Dewasa Ini," Lentera, Bintang Timur, 3 Aug..

"Yang harus Dibabat dan Harus Dibangun," Lentera, Bintang Timur, 10 Aug.-12 Oktober.

"Beberapa Hal tentang Balai Pustaka," Lentera, Bintang Timur, 2 Dec.

1963 "Tinjauan Atas Kehidupan Budaya 1962," Lentera, Bintang Timur, 6 Jan.

"Realisme Sosialis dan Sastra Indonesia" in Seminar Fakultas Sastra, Universitas Indonesia, 20 Jan.

"Haruslah Diingat 5.8 Milyar Gulden Uang Indonesia Masih Tertanam di Nederland," Lentera, Bintang Timur, 5-6 March.

"Bagaimana kisah Dikibarkannya Humanisme Universal: Menyingkap Satu Babak Gelap dalam Sejarah Sastra Indonesia," Lentera, Bintang Timur, 11 April-23 June.

"Kartini dan Politik," Bintang Timur, 20-22 April.

"Laporan tentang Pengajaran Sastra," Lentera, Bintang Timur, 28 April-14 July.

"Setengah Abad setelah Abdullah Munsyi: Beberapa Aspek yang Digelapkan," Lentera Bintang Timur, 25 Aug.

"Basa Indonesia sebagai Basa Revolusi Indonesia," Lentera, Bintang Timur, 22 September-5 April 1964.

"Surat 10 November kepada Semua Pelajar SMP," Lentera, Bintang Timur, 28 Oct.

"Hans Bague Jassin Biang Humanisme Universal," Lentera, Bintang Timur, 28 Oct.

"Pers Pra-Indonesia dan Sumpah Pemuda," Lentera, Bintang Timur, 3

November.

"Sastra Assimilatif Sastra Pra-Indonesia," Lentera, Bintang Timur, 24 November.

"Sastra Puisi Assimilatif Sastra Pra-Indonesia," Lentra Bintang Timur, 24 November.

"Tugas Sastra Assimilatif," Lentera, Bintang Timur, 1 Dec.

"Basa Pra-Indonesia dan Sastra Assimilatif Babak ke-2," Lentera, Bintang Timur, 1, 8 Dec.

"Sebuah Profile dari Press dan Sastra Assimilatif: Tio Ie Soei," Lentera, Bintang Timur, 22 Dec.

"Surat Penutup Tahun 1963, untuk H.B. Jassin," mimeograf. Koleksi Yayasan Dokumentasi Sastra H.B. Jassin.

1964 "Konperensi Karyawan Pengarang Se-Indonesia Berwatak Kontra-Revolusi," Lentera, Bintang Timur, 5 Jan.

Multi Pleno P.P dari 500.000 Seniman Rakyat sampai Gala KKPSI (sebuah reportase)," Lentera, Bintang Timur, 8 March.

"Mengapa Menjebol Kebudayaan Imperialis AS," Lentera, Bintang Timur, 15 March.

"Kembangkan Kemampuan dan Tradisi Baik Sastra Jawa," Lentera, Bintang Timur, 5, 12, 19 April.

"Kita Menolak Manikebu: KKPSI adalah soal prinsip dengan segala konsekwensinya," Lentera, Bintang Timur, 12 April.

"Fungsi Akademi Sastra Dewasa Ini," Lentera, Bintang Timur, 10 May.

"Penilaian Atas Situasi Kondisi. Revolusi Kebudayaan Kita Dewasa Ini," Lentera, Bintang Timur, 14 June.

"Dua Bulan Setelah Proklamasi," Lentera, Bintang Timur, 16 Aug.

"Dalam 15 Tahun Kita Bangunkan Kembali yang Dihancurkan Imperialis dalam 3.5 Abad," Lentera, Bintang Timur, 18 September.

"Dari Sejarah Sastra Indonesia: Hikayat Nyai Dasima," Lentera, Bintang Timur, 13-27 Dec.

"Sejarah dan Kritik Sastra" mimeograf.

1965 "Sekali Lagi tentang Pengajaran Sastra," Lentera, Bintang Timur, 18 April - 27 May.

"Tahun 1965 Tahun Pembabatan Total," Lentera, Bintang Timur, 9 May.

"Trotkisme di Indonesia," Lentera, Bintang Timur, 1 Aug. - 16 September.

"Generasi yang Takkan Kalah," Lentera, Bintang Timur, 26 September.
"Tentang Novel" mimeograf.
"Biro Konsultasi Hak Cipta: Hasil Kegiatan Jiwa tuan Diserobot? Inilah Jawabnya" by BMKN.

1981 "Karya Tulis, Larangan dan Penghancuran," Kancah, Th. 1 No. 3, September.
"Manuscripts Banned and Destroyed," Index on Censorship, Vol. 10 No. 6, Desember, London.
"Sikap dan Peran Kaum Intelektual di Dunia Ketiga, khususnya di Indonesia" at Fakultas Ilmu Sosial, Universitas Indonesia, 24 September. also in Nadi Insan, Januari 1982.

1983 "Perburuan 1950 and Keluarga Gerilya 1950" Ben Anderson(trans), Indonesia, No. 46, Oktober, hlm. 24-48.

1984 "The Revitalization of Literature in the Technilogical Age," The Voice of the Writer 1984: Collected papers of the 47th International PEN Congress in Tokyo.

1986 "Itu Surat 'Minta Ampun' yang Kontroversial: Surat Gelitik buat Sobat H. Mahbub Djuneaidi," Kabar Seberang, No. 17, Monash University.

1992 "Menyambut Hari Hak-hak Asasi Manusia-10 Desember 1992," Kreasi, No. 12.

기타

1985 Letter to Keith Foulcher 5 March, in Demi Demokrasi, Th. 2 No. 2, Leiden & Indonesia Reports, No. 17, Aug. 1986.

1987 Letter to Marjanne Termorshuizen, 6 Feb.

1988 Interview with Greg Poulgrain, 3 Feb.
Letter to Redaksi Suara Pembaruan dan H. Rosihan Anwar, 4 May.

1990 Letter to H. Aveling, 5 April.

색인

ㅈ

ㅊ

ㅍ

ㅎ

기타

색인

단행본·단편 소설·신문 및 잡지

ㅅ

ㅇ

ㅈ

ㅊ

ㅌ

ㅎ

기타

낯설지 않은 이방인
쁘라무디아의 삶과 문학

초판 인쇄 2024년 2월 21일
초판 발행 2024년 2월 28일

지은이 고영훈
발행인 박연관
기획 신선호
편집장 장혜정
도서편집 박미현
디자인 최재영
인사행정 이근영
재무회계 김문규
전자책·사전 이지현
캐릭터 변혜준
발행처 한국외국어대학교 지식출판콘텐츠원
02450 서울특별시 동대문구 이문로 107
전화 02)2173-2494~7
FAX 02)2173-3363
홈페이지 http://press.hufs.ac.kr
전자우편 press@hufs.ac.kr
출판등록 제6-6호(1969. 4. 30)
인쇄·제본 (주)파일투프린트 02-2285-0620

ISBN 979-11-7199-158-7 [93830] **정가** 20,000원

* 잘못된 책은 교환하여 드립니다.

HUEBOOKS는 한국외국어대학교 지식출판콘텐츠원의 인문학도서 Sub Brand이다. 한국외대의 영문명인 HUFS, 사람을 위하는 Humanism, 교육의 Education, 색조의 Hue의 다의적인 뜻으로 해석할 수 있으며, 인문학도서 출판에 대한 의지가 담겨있다.